I0068607

DES CLAUSES DE REMPL.

ET DE

LA SOCIÉTÉ D'ACQUÊTS

SOUS LE RÉGIME DOTAL.

(ÉTUDE SUIVIE DU PROGRAMME DE SIX COURS SUR LA COMMUNAUTÉ
RÉDUITE AUX ACQUÊTS
ET SUR L'EXCLUSION TOTALE OU PARTIELLE DU MOBILIER,)

Art. 1495 à 1501 et 1581 du *Code civil*.

PAR

DANIEL DE FOLLEVILLE

AVOCAT A LA COUR D'APPEL DE DOUAI, PROFESSEUR DE CODE CIVIL
A LA FACULTÉ DE DROIT

(Extrait de la *Revue pratique de Droit français*, t. XXXIX,
p. 181 et suivantes.)

Prix : 4 fr.

PARIS

A. MARESCQ AINÉ, LIBRAIRE-ÉDITEUR
17, RUE SOUFFLOT, 17

1873

F

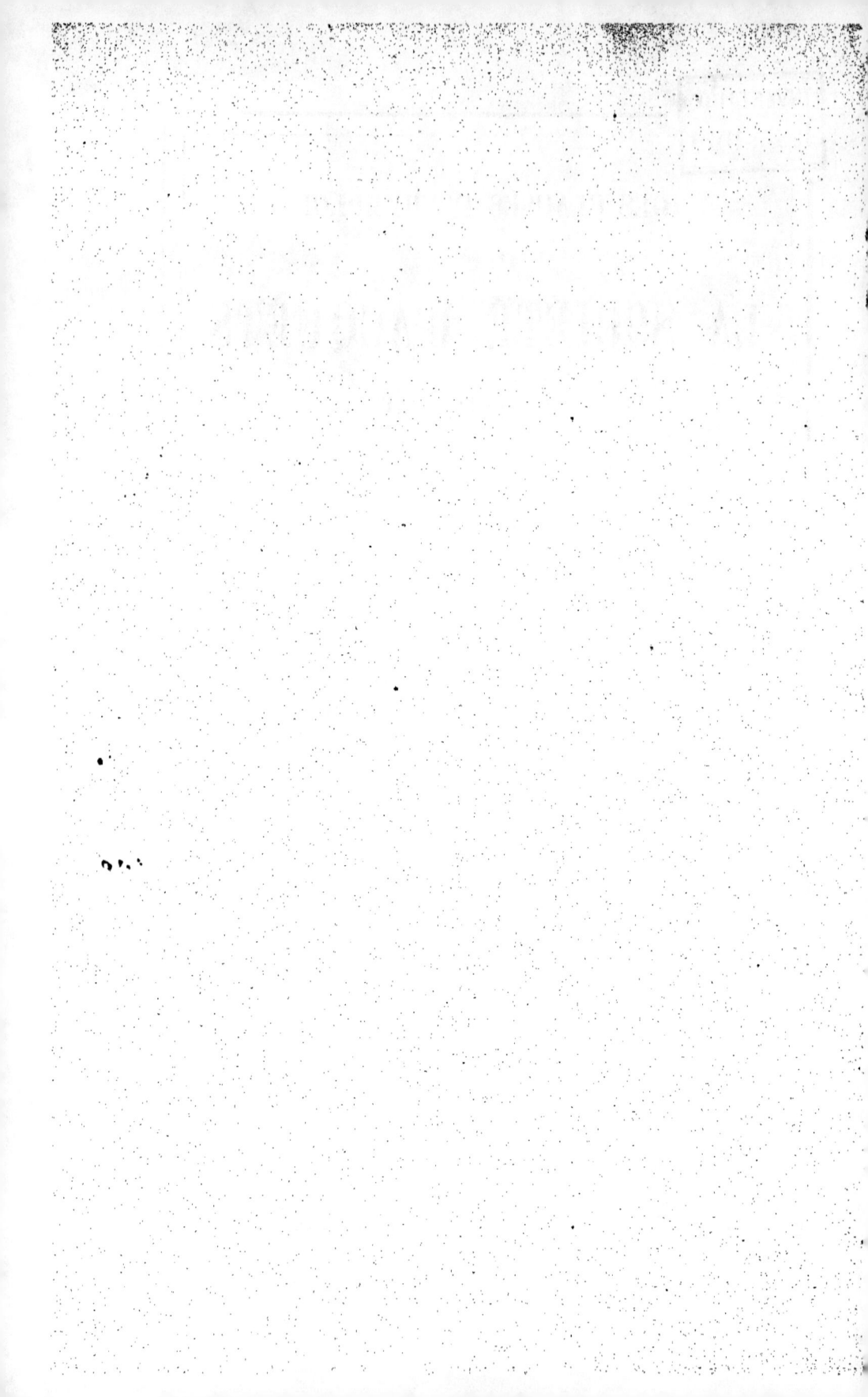

DES CLAUSES DE REMPLOI

ET

DE. LA SOCIÉTÉ D'ACQUÊTS

SOUS LE RÉGIME DOTAL

OUVRAGES DU MÊME AUTEUR :

CORBEIL. — TYP. ET STÉR. DE CRÉTÉ FILS.

DES CLAUSES DE REMPLOI

ET DE

LA SOCIÉTÉ D'ACQUÊTS

SOUS LE RÉGIME DOTAL.

(PROGRAMME DE SIX COURS SUR LA COMMUNAUTÉ
RÉDUITE AUX ACQUÊTS
ET SUR L'EXCLUSION TOTALE OU PARTIELLE DU MOBILIER.)

(Art. 1198 à 1504 et 1581 du *Code civil*.)

PAR

DANIEL DE FOLLEVILLE

AVOCAT A LA COUR D'APPEL DE DOUAI, PROFESSEUR DE CODE CIVIL
A LA FACULTÉ DE DROIT

(Extrait de la *Revue pratique de Droit français*, t. XXXIX,
p. 184 et suivantes.)

PARIS

A. MARESCQ AÎNÉ, LIBRAIRE-ÉDITEUR

17, RUE SOUFFLOT, 17

—

1875

©

AVANT-PROPOS.

Les clauses de remploi soulèvent, particulièrement sous le régime dotal, de sérieuses difficultés d'interprétation. Il en est de même de la société d'acquêts, à laquelle se réfère l'art. 1581. Pourtant, sur ce dernier point surtout, la plupart des auteurs se sont bornés à des développements fort courts.

Nous dirions volontiers qu'il y a là presque de l'ingratitude, en présence des services que rend chaque jour le régime de la communauté réduite aux acquêts, et en présence de son extension sans cesse croissante.

C'est, en effet, entre tous les régimes matrimoniaux, le plus fréquemment adopté. Il est entré dans les habitudes non-seulement des contrées qui, comme le nord de la France, pratiquent la communauté légale, mais aussi des pays où prévaut le régime dotal. Les art. 1498, 1499 et 1581 permettent, en effet, de greffer une société d'acquêts sur le régime dotal comme sur la communauté ordinaire.

Cette prédominance pratique de la communauté réduite aux acquêts tient à des causes diverses.

Pour les pays de communauté d'abord, ce régime représente merveilleusement aujourd'hui la pensée fondamentale de l'ancienne communauté coutumière, dont le but n'était pas, en effet, de confondre entièrement la fortune personnelle des époux : rien n'eût été plus contraire au génie essentiellement

conservateur de notre vieux droit: «L'établissement de notre
république, dit Guy-Coquille, tend à conserver les héritages
ès maisons. » Le but unique de la communauté coutumière
était de faire entrer dans l'association les produits de la collaboration des époux et les économies qu'ils pourraient faire
sur leurs revenus. A cette époque, la plupart des rentes étaient
immeubles; il en était de même des offices. Comp. M. Demolombe, t. IX, n° 423 et suivants.

Si l'on faisait tomber tout le mobilier des époux dans la communauté, c'est que, sous l'empire de l'ancien droit, la richesse
immobilière était seule véritablement importante, tandis que
les meubles étaient presque sans valeur : de là même le célèbre
adage, *res mobilis, res vilis,* ou encore, *vilis mobilium possessio.*
Mais aujourd'hui, les rentes et les offices sont meubles, aux
termes des art. 529, 530 et suivants : la richesse mobilière a
grandi, et ses développements prodigieux ont changé, en fait,
les bases de l'antique communauté coutumière, en modifiant
sa pensée essentielle : voyez les art. 1401 à 1420.

Ce n'est donc plus maintenant, à vrai dire, la communauté
légale des art. 1400 à 1495, qui est le vrai type de l'ancienne
communauté coutumière. C'est bien plutôt la communauté
réduite aux acquêts des art. 1498 et 1499 ; car, en excluant
le mobilier présent et futur des époux, elle ne met en commun que leurs économies, leur activité et les fruits de leur
industrie ou de leur collaboration. Voilà le secret de la pré-
pondérance de ce régime dans les pays où la communauté
légale est en honneur, et où elle est considérée comme le type
le plus excellent à adopter au début de toute association conjugale.

Quant aux pays où règne le régime dotal, la société d'acquêts, autorisée par l'art. 1581, l'accompagne presque toujours, comme un correctif nécessaire et équitable. Cette
combinaison laisse, en effet, à la femme tous les avantages du

régime dotal : sa dot est toujours protégée et garantie énergiquement, en conformité des art. 1554 et suivants. En même
temps, la femme obtient les principaux avantages de la communauté légale : elle est associée aux bénéfices que ses revenus, habilement employés, peuvent procurer au mari.

Nous avons étudié spécialement, dans cette brochure (après
quelques développements sur les clauses de remploi), la
société d'acquêts jointe au régime dotal, par application de
l'art. 1581. Nous avons essayé de rencontrer les questions de sérieuse importance, que la doctrine et la jurisprudence ont eues à résoudre dans ces dernières années. Ce
travail a, du reste, été publié d'abord dans la *Revue pratique
de droit français* (1875), t. XXXIX, p. 184 et suivantes.

Nous avons pensé qu'il pourrait être utile de faire suivre
cette étude du *programme* de six cours faits à la Faculté de
droit de Douai sur la communauté réduite aux acquêts, et sur
l'exclusion totale ou partielle du mobilier (art. 1498 à 1504).
MM. les étudiants y trouveront le résumé des développements
que nous avons donnés à cette matière. Notre devoir était de
l'approfondir dans un pays où les clauses de ce genre se rencontrent chaque jour dans la pratique.

Nous avons, du reste, observé que les élèves inscrits à notre
cours paraissent accueillir avec quelque faveur ces sommai-
res portatifs, qui leur épargnent une grande fatigue dans les
notes prises au moment de l'enseignement oral, et qui fixent
ensuite leurs souvenirs. Ce genre de programme, fort usité
dans les universités étrangères, a de plus l'avantage de permettre un développement plus rapide de la matière, en évitant
la nécessité de dicter les divisions de la leçon. Notre avis est
d'ailleurs, nous le savons, partagé par des maîtres éminents,
notamment par notre savant collègue de la Faculté de droit
de Toulouse, M. Gustave Bressolles, dont le *Cours de Code
civil* est publié sous forme de sommaire, en un volume
de trois cents pages. Nous espérons être bientôt en me-

sure de donner également, dans la même forme, le programme entier de notre cours, dont MM. les étudiants n'ont eu encore que des fragments : voyez le *sommaire des prolégomènes* et des titres 1 à 3 du premier livre de Code civil, et le *sommaire du titre des successions* (2° examen), suivi d'une étude approfondie sur le partage d'ascendants.

Douai, le 1er mai 1875.

DANIEL DE FOLLEVILLE.

DES CLAUSES DE REMPLOI

ET DE

LA SOCIÉTÉ D'ACQUÊTS

SOUS LE RÉGIME DOTAL

PRÉLIMINAIRES ET GÉNÉRALITÉS.

1. Le régime dotal avait été, on le sait, entièrement écarté, dans la rédaction du projet primitif de Code civil. Ce fut sur les vives réclamations des représentants des Pays de Droit Écrit qu'il parvint enfin à obtenir sa place actuelle dans notre législation moderne. Il a, encore aujourd'hui, ses partisans et ses détracteurs convaincus. Cet état de choses s'explique, du reste, à merveille : car le régime dotal présente à la fois d'incontestables avantages et de très-graves inconvénients.

2. Le régime dotal offre, d'abord, aux époux de sérieuses garanties. D'une part, en effet, il assure la conservation des biens de la femme, pour subvenir aux charges de la famille et à l'établissement des enfants ; il protége le ménage contre les spéculations aventureuses du mari, à l'aide du triple principe de l'inaliénabilité, de l'insaisissabilité et de l'imprescriptibilité. D'autre part, il maintient la bonne harmonie entre

les époux et la paix en même temps que le crédit de l'association conjugale : car il met la femme à l'abri des sollicita-
tions et des obsessions du mari, si fréquentes sous les autres
régimes. L'ordre public lui-même peut gagner à cette situation ; car il importe à la société que la ruine ne vienne pas
atteindre les familles opulentes et jeter dans la misère, si
mauvaise conseillère, des hommes sans profession et sans
moyens personnels d'existence : ce sont ces déclassés qui constituent le principal et le plus habituel péril de l'ordre, au jour
des grandes dissensions sociales, — *pestis atque sentina reipu-
blicæ* —, disait autrefois Cicéron.

3. Mais le régime dotal présente aussi de graves inconvénients. Nous en signalerons deux surtout :

D'une part l'inaliénabilité, dont l'art. 1554 frappe les biens
dotaux, est une entrave considérable à la libre circulation des
biens et à l'indépendance du commerce ;

D'autre part l'insaisissabilité et l'imprescriptibilité exposent
les tiers, qui entrent en relations d'affaires avec les époux,
à de nombreuses surprises et à des pertes importantes.

4. Cela est si vrai que maintenant, dans la pratique, le régime dotal *pur* n'est presque jamais adopté. Les époux en
mitigent la rigueur extrême à l'aide de deux procédés principaux :

1° Au moyen des clauses de remploi ;

2° En stipulant une société d'acquêts conformément à
l'art. 1581.

De là, la subdivision toute naturelle de notre travail en
deux parties consacrées, la première à l'étude du remploi
sous le régime dotal, la seconde à l'examen de la société d'acquêts combinée avec ce régime.

PREMIÈRE PARTIE

Du remploi sous le régime dotal.

SOMMAIRE.

une collocation sur le prix des biens de son mari, expropriés jusqu'à concurrence du prix de l'immeuble dotal indûment vendu ? Controverse. Solution affirmative.

5. L'art. 1557 du Code civil est ainsi conçu : « L'immeuble « dotal peut être aliéné, lorsque l'aliénation en a été permise « par le contrat de mariage. » L'inaliénabilité n'est donc pas de l'*essence* du régime dotal : elle est seulement de sa *nature*(1). Le plus souvent la faculté d'aliéner est, dans le contrat de mariage, subordonnée à la prestation d'un *bon* et *valable remploi*.

6. Sous le régime dotal, d'une part, la clause de remploi est absolument obligatoire pour le mari ; d'autre part, le défaut de remploi engage la responsabilité des tiers acquéreurs de l'immeuble dotal et donne, contre eux, ouverture à l'action révocatoire de l'article 1560. Quant au mari, il est tenu non-seulement à la restitution du prix de vente des immeubles qu'il a aliénés, mais en outre au payement d'une indemnité représentative de la plus-value que le bénéfice du temps aurait procurée aux immeubles acquis, si le remploi eût été effectué. Cette plus-value doit être appréciée au moment de la dissolution du mariage : Toulouse, 5 février 1870 (D. P., 1872, 2, 51, avec la consultation de MM. Demolombe et Carel).

7. Pour les formalités du remploi ou de l'emploi, il faut appliquer les articles 1434 et 1435 du Code civil. L'acceptation de la femme est notamment indispensable sous le régime dotal comme sous tous les autres régimes : Agen, 20 juillet 1858 (Dev., 59, 2, 1 à 6, avec la note) ; — Cass., 2 mai 1859, (Dev., 59, 1, 203). La tradition historique est constante en ce sens : Comparez M. Dalloz, *Codes annotés* sur l'art. 1553, nᵒˢ 112 à 120 et 130 à 148. Voyez toutefois Rouen, 26 avril 1872 (D. P., 74, 2, 118).

8. En quelle nature de biens le remploi doit-il être effectué ? Il faut, avant tout, se conformer aux conditions stipulées à cet égard dans le contrat de mariage. A défaut de clauses

<hr/>

(1) Comparez, sur la réserve de la faculté d'aliéner, sur son étendue et sur la réserve de la faculté d'hypothéquer, les *Codes annotés* de M. Dalloz, à propos de l'article 1557, et les *Codes annotés* de Sirey et Gilbert (avec le supplément), à propos du même article. L'on y trouvera rapportées les nombreuses solutions de la doctrine et de la jurisprudence sur ce sujet.

nettes et précises, le remploi des immeubles dotaux peut être valablement fait, soit en acquisition d'immeubles, soit en acquisition d'actions de la Banque de France immobilisées, ou de rentes sur l'État. Voyez la loi du 2 juillet 1862, art. 46 et les autorités rapportées par MM. Sirey et Gilbert, au supplément de leurs *Codes annotés*, sur l'art. 1557, nᵒˢ 30 à 45. Ajoutez les *Codes annotés* de M. Dalloz sur l'art. 1553, paragraphe 5, nᵒˢ 61 à 112.

9. A la charge de qui sont les frais du remploi ou de l'emploi? Aujourd'hui, après de vives controverses, la jurisprudence et la doctrine paraissent fixées en ce sens que les frais et loyaux coûts de l'acquisition faite à titre d'emploi ou de remploi doivent être payés par la femme. Voyez les autorités citées par M. Dalloz, *Code civil annoté*, sur l'art. 1553, paragraphe 9, nᵒˢ 101 à 205, et par MM. Sirey et Gilbert sur l'art. 1557, nᵒˢ 46 à 49 du supplément.

10. Le remploi peut être valablement fait par anticipation, sous le régime dotal, comme sous tous les autres régimes : il faut seulement, en conformité des art. 1434 et 1435, déclarer, dans le contrat d'acquisition, que cette acquisition est faite pour remplacer un immeuble dotal, dont l'aliénation est projetée : voyez MM. Sirey et Gilbert, sur l'art. 1557, nᵒˢ 50 et suivants du supplément.

11. Les tiers acquéreurs doivent toujours s'assurer, lorsqu'ils ont traité avec une femme dotale, que le remploi de l'immeuble aliéné entre leurs mains est régulièrement effectué : il peut même être prudent de faire homologuer le remploi par la justice. Car le défaut de remploi engage la responsabilité des tiers acquéreurs et ouvre contre eux le passage à l'action révocatoire de l'article 1560. Les tiers ainsi menacés d'éviction et troublés, en tous cas, dans leur possession par de très-légitimes inquiétudes, sont tout naturellement fondés à suspendre le payement de leur prix, jusqu'à ce que le remploi soit réalisé.

S'ils préfèrent, lorsque la dette du prix est actuellement exigible, ne pas supporter indéfiniment le poids de cette obligation, ils peuvent, soit fournir eux-mêmes le remploi et faire déclarer par la justice qu'il est bon, valable et régulier, soit simplement consigner le prix de vente, en se conformant au droit commun des articles 1257 et suivants. Le mari ne pourra alors retirer le prix de la Caisse des consignations, qu'en justifiant préalablement du remploi.

Toutefois cette consignation ne peut comprendre que le capital. Quant aux intérêts du prix, les acquéreurs devront les verser entre les mains du mari, qui, d'après l'article 1549, perçoit les fruits et touche les revenus de la dot.

12. Mais cette consignation libérera-t-elle les tiers acqué-reurs de l'obligation de surveiller le remploi et mettra-t-elle entièrement fin à leur responsabilité ?

Deux systèmes sont ici en présence.

13. D'après une première opinion, la consignation libère complétement les tiers acquéreurs, à la fois de l'obligation de payer le prix de vente, et de l'obligation de surveiller le remploi. Cette doctrine invoque les textes, les principes et l'équité :

1° Les *textes* : aux termes de l'article 1257, al. 2, la consi-gnation, qui suit des offres réelles régulièrement faites, libère définitivement le débiteur : donc, etc. ;

2° Au point de vue des principes, l'acquéreur ne peut point être raisonnablement contraint de surveiller le remploi de son prix, alors que, par le payement et la consignation, les deniers ont cessé de lui appartenir ;

3° Enfin, il serait contraire à toute justice de placer ce tiers dans l'alternative également dangereuse pour lui, ou de garder indéfiniment des fonds dont il veut se défaire, ou de rester, malgré le payement effectué, responsable de l'emploi de ces fonds.

14. Nous pensons, au contraire, avec la jurisprudence, que le tiers acquéreur d'un immeuble dotal ne peut point être libéré, par les offres réelles et la consignation du prix de vente, de l'obligation de surveiller le remploi. Nous invoque-rons deux arguments à l'appui de cette solution :

1° Tout tiers acquéreur d'un immeuble dotal a deux obli-gations bien distinctes à remplir, d'abord payer le prix de vente et ensuite en surveiller l'emploi : or, par la consigna-tion des deniers, il est certainement libéré du premier de ces devoirs. Mais le second subsiste encore. En effet, l'obli-gation de surveiller le remploi a sa nature spéciale et propre : elle est indépendante du payement, elle complète la garantie de la femme dotale.

2° L'acquéreur d'ailleurs a toujours la ressource de fournir lui-même le remploi et de le faire déclarer par la justice bon, régulier et valable. Tous les intérêts sont ainsi sauvegardés.

Voyez, en ce sens, Cass., 11 février 1857, (Dev., 1857, 1, 580); Caen, 8 et 20 janvier 1872 (Dev., 1872, 2, 49 et 50). Nous observerons toutefois que les tiers acquéreurs cesseraient d'être responsables, si, par un jugement passé en force de chose jugée, la femme avait été autorisée à toucher le prix sans remploi.

15. D'après le droit commun des articles 1554, 1557 et suivants, les acquéreurs des immeubles dotaux ne sont pas seulement garants du défaut absolu de remploi: ils le sont encore de son *utilité*. C'est là même une suite naturelle de la nécessité du remploi. Qu'importe à la femme que l'on ait effectué le remploi de ses immeubles aliénés, si ce remploi est insuffisant et dérisoire? Il faut, pour la sécurité des tiers, que le remploi soit fait conformément aux indications du contrat de mariage, et qu'il présente toute l'utilité compatible avec les exigences légitimes de la femme. Garant même de l'utilité du remploi, l'acquéreur peut donc, s'il est offert un immeuble grevé de charges réelles ou d'hypothèques, refuser le payement de son prix, jusqu'à l'entier dégrèvement du remploi proposé.

16. La doctrine et la jurisprudence s'accordent aujourd'hui à reconnaître que le remploi de l'immeuble dotal ne doit pas être nécessairement fait à l'époque même de l'aliénation. La nature des choses veut qu'il en soit ainsi : car, il n'est pas toujours facile de trouver à l'instant de l'aliénation, un bien d'une valeur exactement correspondante, à substituer à l'ancien. D'autre part, accepter dans le contrat de mariage une clause de remploi, ce n'est pas s'astreindre à l'accomplir immédiatement après toute vente et sans délai. Comme le dit fort justement l'article 1176, lorsqu'il n'y a point de temps fixé par la convention, la condition peut toujours être accomplie.

Mais l'on n'est plus d'accord sur l'époque à laquelle s'arrête cette possibilité d'effectuer le remploi. Sans doute le remploi peut être, en général, réalisé durant tout le cours du mariage. Mais peut-il encore être utilement effectué, même après la séparation de biens obtenue en justice par la

femme, ou après la dissolution du mariage par le décès de
l'un des conjoints (art. 1441) ? Nous allons étudier séparément ces deux questions importantes.

17. Nous demandons d'abord si le remploi peut encore être
valablement fourni, à raison de l'aliénation d'un immeuble
dotal, même après la dissolution du mariage par le décès de
l'un des époux.

La difficulté vient de nous être soumise à propos de l'espèce
suivante : Le contrat de mariage d'une femme dotale portait
que « *la femme pourrait vendre, sous la simple autorisation de
son mari, à charge de remploi, et qu'elle ne pourrait toucher le
prix des ventes qu'à la charge d'en faire immédiatement emploi.* »
En fait, cette femme a vendu un immeuble dotal; le prix a-
été déposé entre les mains du notaire jusqu'à l'entier accomplissement des formalités de la transcription et de la purge
légale. Le remploi ne devait, en effet, être effectué qu'après
la réalisation de toutes ces formalités. La femme vint à
mourir, sur ces entrefaites, et avant qu'aucun remploi eût
encore été fourni. Elle laissait plusieurs enfants : l'un d'eux
était mineur.

Une double question fut alors soulevée : 1° La vente est-
elle nulle pour cause d'inexécution du remploi pendant le
mariage, et, par suite, les héritiers de la femme peuvent-ils
exercer l'action révocatoire de l'art. 1560, pour faire tomber
l'aliénation de l'immeuble dotal? 2° En supposant qu'en fait
ceux des héritiers qui sont majeurs, renoncent à exercer cette
action révocatoire, quels procédés pratiques le tiers acquéreur pourra-t-il employer pour se mettre à couvert vis-à-vis
de l'héritier mineur?

18. A. Nous recherchons d'abord si, *en droit*, le remploi
peut encore être utilement effectué après la dissolution du
mariage par la mort de l'un des époux, dans l'espèce par le
décès de la femme, dont l'immeuble dotal avait été aliéné.
L'affirmative a été soutenue, et elle a été consacrée par un
arrêt de la cour d'appel de Caen, rendu à la date du 21 février 1815 (D. P., 1815, 2, 81). Voyez également un autre
arrêt de la cour de Caen, en date du 26 mai 1805 (D. P., 66,
2, 1, avec une note de M. Mourlon).

La cour de Caen invoque, à l'appui de sa doctrine, deux
arguments principaux, l'un de texte et l'autre de principe :

1° Au point de vue des textes, il s'agit d'une aliénation qui avait été autorisée par le contrat de mariage sous la condition d'un bon et valable remploi, sans qu'aucun délai fatal ait d'ailleurs été fixé pour l'accomplissement de cette condition : or, d'après l'art. 1176, al. 2, lorsqu'il n'y a pas de temps fixé, la condition peut *toujours* être utilement accomplie; donc aucun terme ne peut être *à priori* imparti pour le remploi ;

2° L'on peut sans doute objecter que le remploi suppose du moins l'existence actuelle d'une dot : or, la dot ne survit point à la dissolution du mariage, aux termes des art. 1561 et suivants : donc l'on ne peut pas imprimer le caractère de la dotalité à un immeuble qui entre pour la première fois dans les mains de la femme ou de ses représentants, à une époque où il n'y a plus de mariage, *in eo tempore quo jam non est matrimonium.*

Mais les partisans de la doctrine que nous exposons en ce moment répondent aussitôt, en se plaçant sur le terrain des principes : il est vrai que l'on ne peut plus constituer une dot, ni créer de toutes pièces la dotalité après la dissolution du mariage. Mais la dotalité, une fois qu'elle a été imprimée à un bien pendant la durée du mariage, ne s'efface point au moment de sa dissolution. Ne sait-on pas, par exemple, que les obligations contractées par la femme, *constante matrimonio*, ne peuvent point, après la dissolution du mariage, s'exécuter sur ses immeubles dotaux? Or, dans notre espèce actuelle, il ne s'agit pas d'imprimer à l'immeuble acquis en remploi une sorte de dotalité posthume; car ce remploi lui-même constitue simplement l'exécution complémentaire d'un acte contemporain du mariage et intervenu pendant la durée de l'union civile.

Si cette manière d'envisager le remploi est exacte, c'est une véritable condition que l'on va remplir : or, d'après l'art. 1179 du Code civil, toute condition accomplie est essentiellement rétroactive dans ses effets; donc l'immeuble acquis en remploi après la dissolution du mariage sera rétroactivement dotal et réputé, en vertu de la fiction de la loi, entrer dans les biens de la femme, au cours même de l'union conjugale. Voyez MM. Aubry et Rau, 4° édit., t. V, § 537, texte n° 4, et notes 83 à 87, p. 604, avec les autorités

D. DE F. 2

qui s'y trouvent rapportées : les savants magistrats combattent, du reste, la doctrine de la jurisprudence.

19. Le système que nous venons d'exposer nous inspire les doutes les plus sérieux, et nous croyons très-fermement avec MM. Aubry et Rau, § 537, texte et note 86, que le remploi ne peut plus être utilement effectué après la dissolution du mariage. Trois motifs surtout nous paraissent conduire nécessairement à cette conclusion :

1° L'économie de la loi, en ce qui concerne le régime dotal, nous paraît bien être de fixer et d'arrêter définitivement la situation respective des époux, au moment où l'union civile prend fin. C'est alors que l'art. 1564 déclare le mari obligé de restituer immédiatement et sans délai les immeubles dotaux ou ceux acquis en remploi. Or, si précisément le remploi n'a pas encore eu lieu à cette époque, le mari est dans l'impossibilité de satisfaire à ce devoir rigoureux qui lui est imposé; donc, la femme est, par suite, armée (soit elle-même, soit ses représentants) du droit de révocation consacré par l'art. 1560.

L'on objecte que le contrat de mariage ne contenant aucun délai pour effectuer le remploi, cette condition peut toujours être valablement accomplie, même après la dissolution du mariage, par application de l'art. 1176, al. 2. Cette objection nous amène à notre second argument.

2° Les principes s'opposent à la consécration d'un pareil résultat. Tout remploi suppose que l'immeuble acquis deviendra dotal exactement dans les conditions de l'immeuble aliéné : or, c'est ce qui ne peut pas avoir lieu pour les acquisitions faites seulement après la dissolution du mariage. Les intérêts de la femme ou de ses héritiers ne seraient pas suffisamment garantis par un semblable remploi, ainsi que le font remarquer fort judicieusement MM. Aubry et Rau, t. V, p. 581, § 537, texte et note 86. En effet, ceux mêmes des créanciers de la femme qui n'auraient point d'action sur les biens dotaux, pourraient exercer leurs poursuites sur l'immeuble prétendûment acquis en remploi après la dissolution de l'union conjugale. Le remploi effectué dans de semblables conditions conduirait d'ailleurs aux résultats les plus bizarres. Quoi donc ! on aura trente ans, depuis la dissolution du mariage, pour opérer le remploi (art. 2262)! Mais l'action révoca-

toire elle-même se prescrit par dix ans seulement, aux termes
des art. 1304, 1560 et 2256. à compter de la dissolution du mariage. Voilà donc que le remploi va pouvoir être effectué
vingt ans peut-êtr raprès l'extinction de l'action révocatoire ;
à moins, toutefois encore, qu'on ne veuille fixer le point de
départ de l'action révocatoire à l'expiration des trente ans
pendant lesquels le remploi restera possible ! Tous ces résultats ne sont-ils pas véritablement étranges, et n'est-il pas
vrai de dire que la doctrine contraire à la nôtre livre les
biens dotaux à une incertitude et à une instabilité indéfinies,
incerta in perpetuum rerum dominia !

3° Si notre doctrine est la plus sûre au point de vue juridique, elle se justifie, d'autre part pleinement, en présence de
toutes les hypothèses pratiques. Le mari n'est-il tenu du remploi qu'en sa qualité générale d'administrateur ? La nature
même des choses exige que cette obligation prenne fin avec
ses pouvoirs d'administration. Suppose-t-on que la femme ait
donné au mari le mandat direct et régulier d'opérer le remploi ? Ce mandat expire nécessairement à la dissolution du mariage, puisqu'aux termes de l'art. 2003, le mandat finit par
la mort naturelle du mandant ou du mandataire. N'oublions
pas de plus qu'à cette même époque l'art. 1560 liquide définitivement les droits et les obligations des époux. En dernière
analyse, le mandat d'effectuer le remploi est corrélatif au
mandat d'aliéner. Or, on ne permettrait certainement pas
au mari, après la dissolution du mariage, d'aliéner les immeubles dotaux ; donc il ne peut pas conserver le mandat de
faire le remploi. Voyez, en ce sens, Cass., req., 2 mai 1859
(Dev., 1859, 1, 293) ; M. Dalloz, *Répertoire*, v° *Contrat de mariage*, n° 4017, et Code civil annoté, sur l'art. 1553, n°s 218 à
220. Ajoutez les autorités doctrinales et pratiques citées
par MM. Aubry et Rau, t. V, p. 581, § 537, texte n° 4 et
note 86.

20. B. Il nous est maintenant acquis qu'*en droit*, malgré
les divergences et les hésitations de la jurisprudence, la vente
de l'immeuble dotal peut être déclarée nulle à la requête de
la femme ou de ses représentants, lorsque le remploi n'a point
été réalisé avant la dissolution du mariage. Mais, supposons
qu'*en fait*, la femme soit décédée en laissant des héritiers majeurs et un héritier mineur. Les héritiers majeurs consentent

à renoncer à l'exercice de l'action révocatoire de l'art. 1560. Quel procédé pratique le tiers acquéreur pourra-t-il employer pour se mettre à couvert vis-à-vis du représentant mineur? Il est certain que les héritiers majeurs et capables peuvent valablement, une fois le mariage dissous, renoncer à l'exercice de l'action en révocation, et ratifier l'aliénation de l'immeuble dotal. Quant à l'héritier mineur, il ne peut pas renoncer aux droits qui lui sont acquis. Pourtant il est bien dur de laisser le tiers acquéreur de l'immeuble dotal sous le coup de l'action révocatoire (art. 1560), jusqu'à ce que le mineur, peut-être encore fort jeune, ait atteint sa majorité. En pareille occurrence, nous voyons trois moyens pratiques de sortir d'embarras :

1° Les héritiers majeurs, en ratifiant pour eux-mêmes l'aliénation de l'immeuble dotal, peuvent se porter forts de la ratification ultérieure du mineur. L'on peut, en effet, se porter fort pour un incapable, et le tiers acquéreur sera ainsi assuré d'être au moins entièrement indemnisé, si plus tard le mineur refuse, au moment de sa majorité, de donner sa ratification. Comp. l'art. 1120, et M. Dalloz, *Code civil annoté*, sur cet article.

2° Les héritiers majeurs ayant ratifié, le tuteur de l'héritier mineur pourrait intervenir et se faire autoriser à consentir, au nom de ce mineur, une nouvelle vente de l'immeuble dotal au profit du tiers acquéreur actuel, en observant toutes les formalités prescrites par les art. 457, 458 et 459 du Code civil.

3° Enfin, l'on pourrait prendre la voie détournée de la transaction, et faire transiger le mineur, par l'intermédiaire de son tuteur, avec le tiers acquéreur, en observant toutes les règles prescrites par l'art. 467 du Code civil.

Il serait toutefois possible que les tribunaux fissent quelque difficulté à donner leur autorisation, indispensable cependant pour le succès des deux derniers procédés que nous venons d'indiquer, et qui ont été conseillés par notre savant confrère du barreau de Bordeaux, M. G. Tillhet, dans une affaire à propos de laquelle il avait été consulté.

En tout cas, le premier moyen, c'est-à-dire l'intervention des représentants majeurs comme porte-forts du mineur, serait en tout cas possible. Nous croyons même qu'il serait toujours prudent, dans l'intérêt du tiers acquéreur, de combiner ce procédé avec les deux autres, pour les fortifier et éviter toutes les éventualités fâcheuses de l'avenir.

21. Nous arrivons ainsi à une question voisine de celle que nous venons d'étudier, à savoir si le remploi du prix d'un immeuble dotal, aliéné avant la séparation de biens peut être utilement effectué, soit par la femme, soit par les soins du tiers acquéreur, *postérieurement à la séparation de biens*, obtenue en justice par la femme dotale, conformément à l'art 1563. Cette nouvelle difficulté a donné lieu à bien des controverses.

Un premier système, rapporté par M. Dalloz dans son excellent Code annoté, sur l'art. 1553, n°° 221 à 223, avec l'indication de nombreuses autorités, consiste à soutenir que la condition du remploi ne peut plus être remplie après la séparation de biens obtenue par la femme. Par suite, le tiers acquéreur ne peut point se soustraire à l'action en nullité formée par la femme séparée de biens, en offrant de faire ce remploi ou de payer son prix une seconde fois. Cette théorie s'appuie surtout sur la cessation du mandat marital, la femme reprenant la libre administration de ses biens, aux termes de l'art. 1449, et ayant droit à la restitution immédiate de sa dot immobilière, aux termes de l'art. 1564. C'est au mari, dit-on, que l'obligation du remploi incombe, à raison de sa qualité d'administrateur des biens dotaux (art. 1549). Faute par lui d'avoir rempli cette obligation au moment où son administration vient à cesser par la séparation de biens judiciaire, la femme se trouve investie de l'action en révocation (art. 1560). L'acquéreur ne peut plus arrêter cette action par une *offre* tardive de remploi. En ce sens, voyez, en outre des autorités citées par M. Dalloz, sur l'art. 1553, n°° 221 à 223, M. Benech, *De l'emploi et du remploi*, n° 88 ; Troplong, IV, 3119; Toulouse, 22 décembre 1831, Dev., 35,2,196; Rouen, 19 mars 1810, Dev., 40,2,389; Limoges, 21 août 1810, Dev., 41,2,56 ; Lyon, 25 novembre 1842, Dev., 43,2,418; Lyon, 24 mars 1847, Dev., 48,2,141; Toulouse, 14 juillet 1852, Dev., 52,2,636.

Un second système rapporté par M. Dalloz dans son Code civil annoté sur l'art. 1553, n° 226, propose une distinction. Il admet qu'en général le remploi ne peut plus être effectué

après la séparation de biens. Mais il déclare exception-
nellement le remploi valable *après* la séparation de biens,
lorsque le mari, ayant donné des délais pour le payement du
prix aux acquéreurs des immeubles dotaux, ces délais expi-
rent postérieurement à la séparation de biens. Voyez, en ce
sens, M. Tessier, *Traité de la dot*, t. Ier, p. 406 et 107, nos 6
et 7.

Tous les auteurs et les arrêts s'accordent, du reste, unani-
mement à reconnaître que la femme elle-même peut valablement effectuer le remploi malgré la séparation de biens, ou
encore accepter et ratifier un remploi antérieur, si elle croit
de son intérêt de ne point demander la révocation de l'aliénation de son immeuble dotal. Voyez M. Dalloz, *Code civil annoté*, sur l'art. 1553, n° 227, et *Répertoire*, v° *Contrat de mariage*, n° 4050.

Nous ne saurions admettre ni le premier, ni le second système précédemment exposés. Nous pensons, au contraire,
avec une troisième opinion, que la condition de remploi stipulée dans le contrat de mariage pour le cas d'aliénation des
biens dotaux peut être remplie pendant toute la durée du
mariage, et même après la séparation de biens. MM. Aubry
Rau, t, V, p. 580, § 537, texte n° 4, et notes 84 et 85, disent
fort justement : « Rien ne s'oppose à ce que le remploi du
prix d'un immeuble dotal, aliéné avant la séparation de biens,
soit effectué par la femme elle-même, après la séparation. Il
en résulte, d'une part, que cette dernière est en droit, en
offrant de faire emploi, de contraindre l'acquéreur à verser
entre ses mains le prix qu'il n'aurait point encore soldé. Il
en résulte, d'autre part, que celui-ci peut, en offrant, soit de
payer son prix, s'il ne l'a pas acquitté, soit de le payer une seconde fois, arrêter l'action en nullité de la vente dirigée
contre lui par la femme. » Les systèmes opposés ne peuvent
invoquer, en leur faveur, aucun texte de loi précis et topique.
D'autre part, la séparation de biens judiciaire ne dissout pas
le mariage : elle ne fait que déplacer l'administration des
biens dotaux, sans rien changer à leur condition antérieure
et sans altérer le caractère de dotalité qui leur est imprimé
pendant tout le cours de l'union conjugale. Voyez, en ce
sens, les autorités doctrinales et pratiques rapportées par
MM. Aubry et Rau, § 537, texte et notes 84 et 85. Ajoutez

M. Dalloz, *Code civil annoté*, sur l'art. 1553, nᵒˢ 224-226, et *Répertoire*, vᵒ *Contrat de mariage*, nᵒˢ 1018 et 1019.

En dernière analyse, nous admettons donc que le remploi ne peut plus être utilement effectué après la dissolution du mariage, par le décès de l'un des conjoints. Mais nous pensons, au contraire, que le remploi peut être réalisé après la séparation de biens obtenue en justice par la femme. Ces deux solutions ne nous paraissent impliquer aucune contradiction, et elles sont commandées à la fois par les textes, par les principes et par la nature même des choses.

La légitimité de notre doctrine sur la possibilité du remploi après la séparation de biens va devenir encore plus sensible, si nous nous arrêtons un instant aux effets particuliers du jugement qui la prononce au profit d'une femme dotale (art. 1563). Nous nous bornerons, du reste, au développement des principes généraux. Comparez, sur la responsabilité du mari quant aux immeubles aliénés par sa femme, et quant aux effets de la séparation de biens relativement aux gains de survie, M. Dutruc, *Traité de la séparation de biens judiciaire*, nᵒˢ 382 à 400, et 402 à 411. Ajoutez, quant aux effets particuliers de la séparation de biens sous le régime dotal, le même ouvrage, nᵒˢ 413 et suivants. Voyez aussi, au point de vue de ses causes, notre brochure intitulée *de l'interdiction considérée comme cause de séparation de biens judiciaire*.

22. Sous le régime dotal, comme sous tous les autres régimes où elle peut intervenir, la séparation de biens judiciaire a uniquement pour but de faire cesser l'administration reconnue dissipatrice du mari, pour en transférer à la femme les prérogatives normales et raisonnables (art. 1443, 1449 et 1563).

Mais la division des biens, en biens dotaux d'une part, et biens paraphernaux de l'autre, continue certainement de subsister. La séparation de biens présente, comme lorsqu'elle survient sous le régime de communauté, un caractère provisoire et temporaire, les époux étant toujours libres de rétablir, par un consentement mutuel, leur contrat de mariage originaire (art. 1451).

Toutefois le principe de l'inaliénabilité (art. 1554 et suiv.) est-il maintenu dans son intégrité, en sorte que la dot, revenue dans les mains de la femme, soit encore indisponible comme elle l'était entre les mains du mari?

Pour soutenir que l'inaliénabilité de la dot doit cesser, on a mis en avant les trois arguments que voici : 1° Aux termes de l'art. 1540, la dot est le bien que la femme apporte au mari pour supporter les charges du mariage. Or, après la séparation de biens, la dot n'est plus au pouvoir du mari, mais elle est sous la puissance de la femme; donc le caractère de dotalité doit s'effacer avec l'inaliénabilité qui est de sa nature; 2° d'après l'art. 1563, si la dot est mise en péril, la femme peut poursuivre la séparation de biens, ainsi qu'il est dit aux art. 1443 et suivants. Ce renvoi comprend évidemment l'art. 1449. Or, d'après l'alinéa 3 de ce texte, la femme peut aliéner ses immeubles avec le consentement de son mari, ou à son refus avec l'autorisation de la justice; donc il doit en être ainsi dans tous les cas, alors même que la séparation de biens est provoquée par une femme mariée sous le régime dotal : *ubi lex non distinguit, nec nos distinguere debemus;* 3° enfin, l'art. 1561 *in fine* décide que les immeubles dotaux deviennent prescriptibles après la séparation de biens, quelle que soit l'époque à laquelle la prescription a commencé. Or, l'imprescriptibilité est une conséquence de l'inaliénabilité, et une application de la règle romaine, *alienare videtur qui patitur usucapi.* Si donc l'immeuble est prescriptible après la séparation de biens, c'est qu'il est nécessairement aliénable : *præscriptibile, ergo alienabile.*

Cette doctrine, si elle était vraie, aboutirait, il faut le reconnaître, à des conséquences très-fâcheuses. L'immeuble dotal, dit-on, devient aliénable entre les mains de la femme après la séparation de biens, parce que l'art. 1561, al. 2, le déclare prescriptible. Ainsi donc, ce serait au moment où le mari est insolvable ou ruiné, que le législateur effacerait d'un seul coup toutes les garanties de la dot, cette dernière épave destinée à assurer la subsistance de la famille et l'établissement des enfants! Singulière époque pour effacer l'inaliénabilité, que celle où le mari, dans la détresse, doit être plus que jamais porté à abuser de son autorité, de fait sinon de droit, pour réparer par la spéculation et aux dépens le plus souvent de la dot, les brèches de son administration antérieure! — Ce résultat illogique et dangereux ne paraît point avoir été dans la pensée du législateur, et nous croyons que les immeubles dotaux sont, après la séparation de biens, tout aussi inaliénables qu'ils l'étaient auparavant; en d'autres termes, ils ne peuvent être l'objet d'une aliénation ou d'une hypothèque que dans les cas et sous les conditions expressément prévus par les art. 1555 à 1559. — 1° La loi 29 C. *de jure dotium*, observée dans notre ancienne jurisprudence, maintenait le principe de l'inaliénabilité de la dot pendant toute la durée du mariage, nonobstant la restitution de cette dot opérée par suite de la déconfiture du mari. Nous pouvons donc invoquer tout d'abord la tradition historique; 2° cette solution est conforme aux principes : la dot, en effet, lorsqu'elle est remise entre les mains de la femme, n'en conserve pas moins, jusqu'à la dissolution de l'association conjugale, son caractère propre et sa nature primordiale. Les garanties protectrices sont même plus nécessaires peut-être encore ici, à raison de l'inexpérience possible de la femme au point de vue des affaires. Aussi l'art. 1561, al. 2, se garde-t-il bien de décider qu'après la séparation de biens les immeubles dotaux deviendront *aliénables*. Ce texte décide seulement qu'ils seront *prescriptibles*. Or, il n'y a pas connexité nécessaire entre l'inaliénabilité et l'imprescriptibilité. On peut concevoir et expliquer comment l'immeuble dotal, tout en devenant prescriptible par la séparation de biens, demeure néanmoins inaliénable. Si l'immeuble reste frappé d'inaliénabilité, même après la séparation de biens, c'est qu'on peut craindre encore l'influence du mari; si le bien, en effet, était disponible, le mari insolvable et ruiné userait de tout son pouvoir pour arracher à la femme son consentement à une aliénation dont le prix tomberait très-probablement entre ses mains, et que lui, mari, pourrait dissiper. Mais quant à l'imprescriptibilité, on n'avait aucun motif semblable de la maintenir. Il n'est pas à craindre que le mari favorise la prescription des immeubles de la femme; celle-ci, d'ailleurs, a entre les mains les pouvoirs nécessaires pour interrompre les prescriptions; 3° en définitive, le droit commun, c'est l'inaliénabilité (art. 1554) et l'imprescriptibilité (art. 1561) du fonds dotal durant le mariage; or, l'art. 1561, al. 2, n'apporte d'exception, dans le cas de séparation de biens, qu'au principe de l'imprescriptibilité, il ne touche pas à l'inaliénabilité; donc l'imprescripti-

bilité seule a disparu, et l'inaliénabilité continue de subsister;
4° l'art. 1563 ne prouve rien contre cette doctrine, car ce texte
renvoie surtout aux formalités à suivre : les termes mêmes
de la loi le montrent suffisamment : « *La femme peut poursuivre,....* » Cette expression a trait évidemment à la procédure.
Quant à l'art. 1449, que l'on veut invoquer comme extensif
de la capacité de la femme dotale, il faut remarquer que sa
formule est tout à fait restrictive : « *La femme ne peut,....;* »
nous concluons donc en décidant que l'immeuble dotal reste
toujours inaliénable après la séparation de biens : il devient
seulement prescriptible (art. 1561, al. 2). D'autre part, les règles qui déterminent l'étendue de la dot ne sont en aucune
façon modifiées par suite de la séparation obtenue dans les
termes des art. 1443 et suivants. Supposez, par exemple, que
la femme se soit constitué en dot tous ses biens présents et à
venir; il nous paraît certain que les biens qui pourraient lui
échoir à titre gratuit par voie de succession ou de donation, après la séparation prononcée, seraient dotaux, puisqu'en effet, la séparation laisse subsister la dotalité des biens
antérieurement acquis, quoique l'administration et la jouissance en soient déférées à la femme ; elle ne doit pas davan-
tage former obstacle à ce que les biens postérieurement ad-
venus revêtent le caractère dotal : tout ceci dépend des termes
plus ou moins généraux de la constitution de dot originaire.
Nous appliquerons également l'art. 1553, aux termes duquel l'immeuble acquis des deniers dotaux ne devient pas
dotal : « L'immeuble acquis des deniers dotaux n'est pas
dotal, si la condition de l'emploi n'a pas été stipulée par le
contrat de mariage. — Il en est de même de l'immeuble
donné en paiement de la dot constituée en argent. » Si
donc dans la liquidation, le mari livre en paiement à sa
femme certains biens destinés à la remplir de ses reprises,
ces biens ne seront point dotaux.

23. Le principe de l'inaliénabilité s'étend-il aux revenus,
de telle sorte que la femme ne puisse pas en disposer librement, et qu'ils soient insaisissables?

La question ne peut évidemment pas être soulevée quant
aux revenus échus; ces revenus destinés à subvenir aux charges du mariage sont nécessairement disponibles, et par suite
prescriptibles par cinq ans dans les termes de l'art. 2277.

Mais la difficulté devient fort grave en ce qui concerne les revenus non encore échus des immeubles dotaux. Trois systèmes peuvent être présentés :

D'après une première opinion, les revenus non encore échus des immeubles dotaux sont parfaitement aliénables *in futurum*, même pour des causes étrangères aux besoins de la famille. Il en résulte que les créanciers doivent être autorisés à saisir, chaque année, au fur et à mesure des échéances, les revenus dans les mains des locataires et fermiers ; la femme, dit-on, ayant recouvré la plénitude des pouvoirs de jouissance et d'administration, doit avoir la faculté de disposer librement des fruits et des intérêts de sa dot (art. 1449 et 1549).

Une seconde doctrine pose en principe que la destination de la dot, qui est de subvenir aux charges du mariage, doit toujours être respectée ; mais de là elle conclut, que les revenus non encore échus des immeubles dotaux ne sont inaliénables que jusqu'à concurrence seulement des besoins du ménage ; quant à l'excédant, ils sont complétement disponibles, pour quelque cause que ce soit. Ce système jouit d'une assez grande faveur dans la pratique.

Nous croyons plutôt que les revenus à échoir sont inaliénables et insaisissables, même pour la portion qui excéderait les besoins du ménage, et qu'ils ne peuvent pas en conséquence, pour des causes étrangères à ses besoins, être engagés *in futurum* et avant leur échéance, soit par le mari, soit par la femme. Les revenus, en effet, qui ne sont pas encore échus, n'ont pas d'existence propre et particulière ; ils sont une partie intégrante de l'immeuble qui les produira plus tard ; or, cet immeuble est inaliénable, aux termes de l'art. 1554, même après la séparation de biens ; donc la femme ne peut pas plus aliéner la partie que le tout. Nous ajoutons que cette théorie est la seule qui se trouve en harmonie avec la vraie destination de la dot. Le premier système, pour subvenir aux besoins de la famille, permet aux fournisseurs de venir en concours sur les revenus avec les autres créanciers ; mais si les dettes contractées par la femme sont considérables, il est clair que la part de la famille va se trouver singulièrement réduite. Quant au second système qui frappe d'inaliénabilité les revenus nécessaires aux besoins du ménage, il a l'inconvénient d'ouvrir la porte à l'arbitraire ;

rien n'est plus variable, en effet, que ces besoins de la famille ; les tribunaux vont être appelés à tenir compte des habitudes de vie et de la condition de fortune, de l'état de santé ou de maladie, des exigences de position de chacun des membres dont la famille se compose ; c'est là une appréciation fort difficile et fort dangereuse. Il n'est pas mauvais d'ailleurs que sous un régime de conservation à outrance comme l'est le régime dotal, les époux soient provoqués à payer comptant autant que possible (Comp. Cass., 13 janvier 1851, D. P., 51, 1, 83 ; Agen, 1er février 1870, D. P., 70, 2, 147).

21. Si l'on admet avec la jurisprudence l'inaliénabilité de la dot mobilière en vertu des principes du régime dotal, il faut décider que cette inaliénabilité persistera après la séparation de biens ; la femme même séparée ne pourra donc pas renoncer à ses reprises dotales ; elle ne pourra pas transiger sur ses droits, ni consentir des subrogations hypothécaires ou des cessions. La question pour nous ne peut pas être soulevée, parce nous admettons la disponibilité de la dot mobilière (Comp., art. 1554 et suiv.).

22. La femme, en vertu de la séparation de biens, recouvre la jouissance et l'administration de ses biens dotaux, dans les termes de l'art. 1449, al. 1. Elle peut donc interrompre les prescriptions, faire courir les intérêts, recevoir le remboursement de ses reprises ou le paiement de ses capitaux dotaux, et en donner quittance.

On a demandé si la femme ne devrait pas du moins faire emploi des capitaux qu'elle reçoit ainsi, et si les débiteurs qui se libèrent entre ses mains ne pourraient pas exiger d'elle l'accomplissement préalable de cette condition ?

Si d'abord l'emploi a été formellement stipulé dans le contrat de mariage, il nous paraît certain que la femme doit exécuter cette clause introduite dans l'intérêt de la famille entière. Les tiers pourront alors, en s'appuyant sur le pacte matrimonial, imposer la stricte observation de cet engagement.

Mais supposons qu'aucune condition d'emploi n'ait été insérée dans le contrat de mariage. Nous pensons que la femme séparée pourra toucher ses capitaux, sans être tenue de justifier d'un emploi préalable. Cette doctrine, de laquelle notre ancienne jurisprudence s'était écartée, nous paraît aujourd'hui seule conforme aux règles nouvelles posées par le Code civil. Aux termes des art. 1549 et 1550, le mari ne serait pas obligé en pareille circonstance de présenter un emploi régulier pour pouvoir toucher le capital de la dot mobilière. Or, la femme est entièrement mise à la place du mari et investie des mêmes pouvoirs que lui, en vertu du jugement qui a prononcé la séparation de biens. Donc, elle ne doit pas être obligée plus que lui de fournir un emploi. Cette précaution serait d'ailleurs inutile; car, aux termes de l'art. 1553, l'immeuble acquis des deniers dotaux n'est pas lui-même dotal, en tant que la condition de l'emploi n'a pas été stipulée par le contrat de mariage. Dès lors la femme, après avoir justifié d'un emploi, pourrait vendre librement l'immeuble servant d'emploi, puisqu'il n'est pas dotal, et en dissiper ensuite le prix.

L'inaliénabilité de la dot mobilière (alors même qu'on admettrait cette inaliénabilité) n'implique pas la nécessité de l'emploi, et les considérations pratiques que les partisans de la doctrine contraire mettent en avant, ne peuvent pas nous permettre à elles seules d'imposer à la femme une obligation qui ne résulte pas, pour elle, de son contrat de mariage.

26. Il est clair toutefois que le principe de l'inaliénabilité ne peut pas être mis en avant, quand il s'agit du paiement des frais de l'instance en séparation de biens. Ce sont là des dépenses nécessaires destinées à assurer l'avenir de la famille, ainsi que la conservation de la dot, et rentrant par conséquent dans les exceptions édictées par l'art. 1558. Nous supposons, bien entendu, que la femme n'a pas d'ailleurs de biens paraphernaux, ni d'autres ressources susceptibles de faire face au paiement des dépens (1).

27. Si la séparation de biens laisse subsister le principe de l'inaliénabilité, elle efface au contraire la règle de l'imprescriptibilité, d'après l'art. 1561, al. 2. En effet, les immeubles dotaux deviennent prescriptibles après la séparation de biens. Mais dans quelle mesure la prescriptibilité atteint-elle le fonds dotal après la séparation de biens? C'est là une question fort controversée.

Trois prescriptions peuvent éventuellement menacer la

_____

(1) Sur l'application de l'art. 1553 et sa portée après la séparation de biens, voyez Montpellier, 21 juin 1871 (D. P., 71, 2, 175 et 176). Arrêt important et note.

femme dotale, en nous plaçant à un point de vue tout à fait général :

1° Il peut arriver qu'elle ait aliéné un bien paraphernal sans les autorisations exigées par l'art. 1576, ou encore sous l'empire du dol ou de la violence; elle est alors soumise à la prescription libératoire de l'action en nullité édictée par l'art. 1304, al. 2.

2° Il peut arriver qu'un usurpateur se soit mis de mauvaise foi en possession de l'immeuble dotal, ou que le bien se trouve entre les mains d'un acquéreur avec juste titre et bonne foi, mais à *non domino*; la femme est alors exposée aux conséquences désastreuses pour elle de la prescription acquisitive, soit par trente ans (art. 2262), soit par dix et vingt ans (art. 2265).

3° L'immeuble a-t-il été indûment aliéné, soit par le mari, soit par la femme, soit par tous les deux conjointement? La prescription libératoire de l'action en nullité ou en révocation autorisée par l'art. 1560, va-t-elle courir contre la femme à dater de la séparation de biens?

Il est indispensable de distinguer ces trois éventualités, pour pouvoir apprécier nettement l'étendue et la portée de l'art. 1561.

28. D'abord la prescription libératoire de l'action en nullité édictée par l'art. 1304, al. 2, court-elle contre la femme à partir de la séparation de biens?

Nous ne le pensons pas; c'est là une prescription générale applicable à la femme mariée sous tous les régimes, et qui ne peut courir qu'à la *dissolution du mariage*, ainsi que le déclare formellement l'art. 1304, al. 2. Nous écartons donc immédiatement cette première hypothèse.

29. Quant à la *prescription acquisitive*, dans les termes des art. 2262 et 2265, il est bien certain qu'*elle court à dater de la séparation de biens :* « Les immeubles dotaux, dit l'art. 1561, al. 2, deviennent prescriptibles après la séparation de biens.»

30. Mais que faut-il décider à l'égard de la *prescription libératoire* ou extinctive de l'*action révocatoire* consacrée par l'art. 1560? La prescription de dix ans, qui éteint l'action en nullité de l'aliénation de l'immeuble dotal, prend-elle son point de départ à compter du jour même de la séparation de

biens, ou, au contraire, ne peut-elle jamais prendre son cours qu'à la dissolution du mariage ?

Un premier système enseigne que la prescription libératoire de l'action en nullité de l'aliénation de l'immeuble dotal commence à la date de la séparation de biens. On invoque d'abord la généralité des termes de l'art. 1561, al. 2, qui, en posant le principe de la prescriptibilité, ne limite en aucune façon sa règle à la prescription acquisitive. Il y a d'ailleurs, ajoute-t-on, identité de motifs ; on ne comprendrait pas pourquoi l'une des prescriptions serait suspendue, tandis que l'autre reprendrait son cours ; on s'appuie enfin sur l'art. 2255 au titre *de la Prescription*. Ce texte, en effet, prévoyant l'hypothèse même où le fonds a été indûment aliéné, renvoie expressément pour les conditions de la prescription *libératoire* à l'art. 1561 : « La prescription, dit l'art. 2255, ne court point pendant le mariage à l'égard de l'aliénation d'un fonds constitué selon le régime dotal, conformément à l'art. 1561 au titre du contrat de mariage et des droits respectifs des époux. » Or, précisément cet article 1561 admet la prescriptibilité immédiatement après la séparation de biens. Donc, c'est à cette époque même que doit commencer à courir toute prescription, même celle en libération de l'action révocatoire. Tout au plus cette doctrine admet-elle une exception à la solution qu'elle propose pour l'hypothèse où le mari étant garant de la vente, l'action en nullité serait de nature à l'atteindre par contre-coup (art. 2256, n° 2).

31. Nous tenons, au contraire, pour certain que la *prescription libératoire de l'action en nullité* de l'aliénation de l'immeuble dotal ne rentre pas dans la sphère d'application de l'art. 1561, al. 2 ; cette prescription ne peut commencer à courir, aux termes de l'art. 1560, qu'après la dissolution du mariage.

Nous nous fondons d'abord sur les termes mêmes de l'art. 1561, n° 2, qui déclare prescriptibles les *immeubles dotaux*. Il s'agit donc bien de la prescription à l'effet d'acquérir ; ce n'est pas l'action révocatoire qui devient prescriptible à titre extinctif après la séparation de biens.

Mais, nous dit-on, l'art. 2255 du moins, qui prévoit expressément le cas de l'art. 1560, renvoie pour les délais de la prescription libératoire à l'art. 1561, n° 2. Cet argument paraît décisif au premier abord, et cependant, si l'on veut y regarder de près, on verra qu'il est susceptible d'une réfutation péremptoire. Cet art. 2255 contient, en effet, une erreur évidente de renvoi. On sait dans quelles conditions le Code civil a été rédigé; chacun des titres qui le composent aujourd'hui formait, dans les présentations successives, une loi spéciale qui avait sa série particulière d'articles, en commençant par le n° 1, et en continuant probablement ainsi jusqu'à la fin. On suivait en cela la coutume antérieure, car notamment dans la loi du 29 décembre 1790, relative au rachat des rentes foncières, nous voyons les numéros d'articles recommencer à chaque titre nouveau. Ce ne fut que plus tard, lorsque la loi du 30 ventôse an XII réunit en un seul Code les différentes parties votées, qu'on adopta le numérotage général qui existe aujourd'hui. Le titre cinquième du Code civil, en d'autres termes, la loi sur le contrat de mariage avait donc dans le principe sa série distincte d'articles, en sorte que l'art. 1387 de notre série générale d'aujourd'hui formait l'art. 1er. La disposition qui forme maintenant, dans le titre de la prescription, l'art. 2255, contenait un renvoi à l'art. 174 de la loi sur le contrat de mariage. Or, cet article 174 correspondait à la disposition, non pas de l'art. 1561, mais bien de l'art. 1560; la démonstration en est mathématique : il suffit, en effet, d'ajouter le nombre 174 au nombre 1386, expression du dernier article qui précède immédiatement le titre du contrat de mariage, et l'on arrive alors à la formule suivante : treize cent quatre-vingt-six, plus cent soixante-quatorze, égale quinze cent soixante, et non pas quinze cent soixante et un; il est donc bien établi que l'art. 2255 vise le cas de l'art. 1560, et non pas celui de l'art. 1561; par conséquent, il laisse notre question parfaitement intacte.

Si maintenant nous nous référons aux principes, il est facile d'établir que la différence à laquelle nous aboutissons entre la prescription acquisitive et la prescription libératoire de l'action en nullité, se justifie parfaitement au point de vue rationnel. S'agit-il, en effet, d'arrêter l'*usurpateur* et de diriger contre lui une action en revendication pour arrêter le cours de la prescription acquisitive qui va s'accomplir à son profit? Aucun intérêt domestique ne peut arrêter la femme, le mari n'aura aucune raison de protester ni d'user de son influence pour empêcher la réintégration. S'agit-il, au contraire, de la prescription libératoire de l'action en nullité ? Le mari ou la femme, ou tous les deux conjointement, ont consenti l'aliénation : il y a une adhésion librement donnée, il y a peut-être un engagement d'honneur à maintenir la vente ; la femme peut s'abstenir, à raison d'un scrupule de conscience ; elle peut aussi être vivement préoccupée par la crainte du recours en garantie ou en dommages-intérêts que l'acheteur évincé ne manquerait pas de diriger contre le mari covendeur. Toutes ces considérations, qui intéressent la paix du ménage, pourront faire balancer la femme séparée de biens à intenter l'action en nullité contre l'acheteur de l'immeuble dotal. Il ne faut pas d'ailleurs perdre de vue que si la prescription courait même contre l'action en nullité à partir de la séparation (art. 1561, al. 2), la femme pourrait toujours, à son gré, libérer le tiers acquéreur, en évitant d'interrompre cette prescription ; or, ce serait là une véritable aliénation de sa part, et cet acte lui est interdit, on le sait, à raison de l'inaliénabilité qui persiste toujours (art. 1560, 1561 et 1554).

En dernière analyse, la prescription libératoire relève uniquement de l'art. 1560 ; or, cet article fixe la *dissolution du mariage* comme le point de départ unique de la prescription libératoire ou extinctive de l'action en révocation suspendue sur la tête du tiers acquéreur : « La femme ou ses héritiers pourront faire révoquer l'aliénation *après la dissolution du mariage, sans qu'on puisse leur opposer aucune prescription pendant sa durée* ». La femme peut, sans doute, si elle le veut, intenter l'action en nullité, action essentiellement administrative après la séparation de biens ; mais comme la loi excuse et explique une abstention de sa part, ce n'est qu'à partir de la dissolution du mariage que la prescription extinctive de cette action commence à prendre son cours.

Il importe de préciser les conséquences de notre doctrine. Une femme mariée sous le régime dotal a aliéné, soit à elle seule, soit conjointement avec son mari, un immeuble dotal, au mépris des art. 1554 et 1560 ; elle est armée d'abord de l'action en nullité pour faire tomber l'acte indûment consenti, puis de l'action en revendication pour se faire réintégrer dans la propriété de son patrimoine inaliénable. Cette femme obtient la séparation de biens ; immédiatement le

tiers acquéreur va commencer à prescrire à titre acquisitif
(art. 1561, n° 2) : par quel délai prescrira-t-il ? Il ne pourra
évidemment devenir propriétaire incommutable qu'au bout
de trente ans (art. 2262), eût-il même été de bonne foi au
moment de l'acquisition ; car la femme conserve toujours
contre lui, suivant notre système, le droit d'intenter l'action
révocatoire. Or, cette action étant mise en mouvement, le
titre originaire tombe, et, par conséquent, si le tiers acquéreur a la bonne foi (ce qui en pratique sera d'ailleurs assez
rare), il lui manquera toujours le juste titre anéanti par l'effet
de l'action en nullité de l'art. 1560. Dès lors, le premier
intérêt de notre doctrine est d'empêcher l'abréviation des
délais pour la prescription acquisitive, dans les termes de
l'art. 2265.

Allons plus loin : trente ans s'écoulent à partir de la sépa-
tion de biens ; la dissolution du mariage se produit dans la
trente et unième année ; la prescription acquisitive est donc
consommée au profit du tiers acquéreur ; mais la femme
conserve encore pendant dix ans le bénéfice de l'action révocatoire. Supposons qu'elle intente cette action révocatoire
ou en nullité, fondée sur l'art. 1560, le tiers acquéreur va
lui répondre : sans doute votre action en nullité procède
bien et fait tomber l'*acte d'aliénation* qui m'a été consenti à
l'origine ; mais j'invoque la prescription de trente ans (art.
2262), qui couvre même l'usurpateur ; j'ai prescrit la propriété en nature de votre immeuble dotal (art. 1561, al. 2),
On voit qu'ici l'action révocatoire ou en nullité intentée par
la femme, en vertu de l'art. 1560, ne pourra pas avoir pour
résultat sa réintégration matérielle, puisque la prescription
acquisitive s'y oppose ; mais ne pourra-t-elle pas du moins
avoir pour objet la prestation d'un équivalent en argent ?
Cela nous paraît fort difficile ; car celui qui prescrit par trente
ans, en vertu de l'art. 2262, acquiert une propriété absolue
et qui n'est soumise à aucune condition : il est propriétaire
par la force combinée de la loi et du temps, et n'est, en général, comptable vis-à-vis de qui que ce soit. Pourtant l'action révocatoire est maintenue au profit de la femme : qui
veut la fin veut les moyens ; comment le législateur aurait-il
accordé une prérogative sans résultat possible en pratique ?
Peut-être serait-il permis, en conséquence, de soutenir que

l'action révocatoire ou en nullité aboutira, dans cette hypothèse, au profit de la femme, à l'obtention de la valeur en argent de son immeuble dotal indûment aliéné; il faut, en définitive, que force reste à la loi, qui proclame le principe de l'inaliénabilité et de l'imprescriptibilité de l'action révocatoire, même après la séparation de biens. Sans doute, la femme est en faute de n'avoir pas revendiqué à temps et de n'avoir pas interrompu la prescription acquisitive; mais en dernière analyse son mari peut être insolvable, l'exercice de l'action hypothécaire peut ne lui être, en fait, d'aucune utilité, et il importerait de maintenir, en conséquence, le principe du recours contre le tiers acquéreur, en vertu de l'art. 1560. Toutefois, en présence de ce conflit des principes de la prescription acquisitive et des règles de l'action révocatoire, nous éprouvons quelque embarras à nous prononcer; faute de rencontrer un terrain commun, où les deux doctrines adverses puissent se joindre nettement.

32. Sous le régime dotal comme sous le régime de communauté, la séparation de biens permet à la femme d'exercer ses actions en reprise; mais quant aux gains de survie, elle est obligée, par application de l'article 1452, d'attendre la dissolution du mariage.

33. Lorsque le mari a aliéné, au mépris de l'art. 1554, un immeuble dotal, la femme est investie par l'art. 1560 de l'action en nullité et en revendication des biens indûment transmis; elle peut aussi invoquer le bénéfice de l'hypothèque légale aux termes de l'art. 2121, et requérir collocation pour le montant du prix de son immeuble vendu. Nous demandons si la femme séparée de biens peut opter entre ces deux voies de recours, si elle peut, en un mot, au lieu d'exercer l'action en nullité de l'art. 1560, se présenter à l'ordre ouvert et requérir collocation en vertu de son hypothèque légale, sur le prix des biens de son mari, expropriés jusqu'à concurrence du prix de l'immeuble dotal vendu? Cette question est fort grave et vivement controversée.

Un premier système refuse à la femme l'exercice de ce droit d'option, en s'appuyant à la fois sur les textes et sur les principes : d'abord sur les textes : aux termes de l'art. 1554, « Les immeubles constitués en dot ne peuvent être aliénés ou hypothéqués pendant le mariage, ni par le mari, ni par

la femme, ni par les deux conjointement, sauf les exceptions qui suivent. » Aux termes de l'art. 1560, si, contrairement à la prohibition de la loi, un immeuble dotal a été
aliéné, l'action en révocation est ouverte en faveur de la
femme et du mari : or, aucun texte d'ailleurs au titre du régime dotal n'accorde à la femme l'action hypothécaire concurremment avec l'action révocatoire; donc cette dernière
est seule ouverte.

Si l'on objecte les termes des art. 2121, 2135 et 2193 au
titre des privilèges et hypothèques, qui accordent d'une manière générale un droit d'hypothèque légale sur les biens de
son mari, à la femme mariée sous quelque régime que ce
soit, donc à la femme dotale aussi bien qu'à toute autre, ce
système répond que le droit d'hypothèque légale dont l'exercice est permis à la femme par les art. 2121 et suivants, n'a
pour objet que la conservation spéciale de la dot mobilière et
le recouvrement des sommes dotales (art. 2135, al. 2); mais
en ce qui concerne les immeubles dotaux, la femme est investie d'un droit de propriété absolu, dont il ne peut pas lui
être facultatif de se dessaisir pour réclamer une simple collocation hypothécaire. L'art. 1560, en cas d'aliénation des
immeubles, n'accorde en effet limitativement que l'action
révocatoire. Cette solution, ajoute-t-on, est seule conforme
aux exigences de la pratique : l'inaliénabilité qui est le caractère habituel du régime dotal, a pour but, en effet, de
maintenir à la femme la propriété de ses biens en nature,
parce que ces biens constituent, pour subvenir aux besoins de
la famille, une ressource bien autrement solide que celle qui
résulterait du recouvrement du prix de vente ou du prix
d'estimation, dont la dissipation est si facile. D'autre part, si
la femme séparée pouvait choisir l'action hypothécaire et
laisser l'action révocatoire, elle dénaturerait son régime matrimonial, et resterait exposée aux fraudes les plus graves.
Est-ce que ces biens, en effet, ne pourraient pas être vendus
en apparence à vil prix, tandis que le mari, au moyen de
contre-lettres restées secrètes, s'enrichirait aux dépens de
la femme ? Grâce à l'action révocatoire, au contraire, elle va
droit à l'immeuble, elle le reprend dans son intégrité, sans
courir aucune chance de perte.

Nous pensons, au contraire, que *la femme séparée de biens*

peut, au lieu d'exercer l'action en nullité et en revendication des immeubles dotaux, illégalement aliénés, *se borner à réclamer le prix de ses immeubles en vertu de son hypothèque légale*. Nous lui accordons en conséquence le droit de demander immédiatement une collocation soit définitive, soit au moins conditionnelle et éventuelle, en donnant caution pour la restitution du dividende qu'elle aurait touché en vertu de sa collocation, restitution qu'elle devrait faire dans le cas où, après la dissolution du mariage, elle viendrait à vouloir exercer l'action révocatoire. Cette solution nous paraît seule conforme à la tradition historique et aux principes actuellement posés par le Code civil.

Sous l'empire du droit romain, la femme avait l'option entre l'action en revendication et l'action hypothécaire (L. 29 et 30 C. *de jure dotium*). Notre ancienne jurisprudence, elle aussi, consacrait provisoirement en faveur de la femme le droit d'hypothèque, concurremment avec l'action en revendication. La collocation n'était pour la femme qu'une garantie de plus, mettant ses droits entièrement à couvert. D'après le Code civil, comme d'après les législations antérieures, le fonds dotal est inaliénable (art. 1554) et la femme a une hypothèque légale (art. 2121) sur tous les biens de son mari. Puisqu'il y a analogie dans les principes, il doit y avoir aussi analogie dans les résultats; la collocation met la femme à l'abri des détériorations qui peuvent avoir été faites par le tiers acquéreur sur l'immeuble dotal; elle lui permet aussi éventuellement de faire face aux remboursements auxquels cet acquéreur peut avoir droit, à raison d'impenses et d'améliorations plus ou moins considérables par lui faites. C'est bien là d'ailleurs ce qui ressort des termes de l'art 2193 *in fine* : « Si les inscriptions, dit ce texte, du chef des femmes, mineurs ou interdits, sont les plus anciennes, l'acquéreur ne pourra faire aucun payement du prix au préjudice desdites inscriptions. » Cette interdiction générale faite à l'acquéreur d'un bien du mari de faire aucun payement du prix au préjudice de l'inscription de la femme, doit s'arrêter, lorsqu'on a rempli à son égard les formalités à fin de purge de l'hypothèque légale. Mais cette interdiction vient énergiquement à l'appui du droit hypothécaire de la femme. Si, en effet, l'acquéreur doit respecter l'existence de cette hypothèque, c'est que la femme peut *intenter* l'action hypothécaire pour s'emparer, à l'encontre des créanciers du mari, postérieurs en ordre, de la somme qui lui est due à titre d'indemnité pour la vente de son bien dotal. En vain, pour écarter l'argument que nous tirons des art. 2195, 2135 et 2121, constitutifs de l'hypothèque légale de la femme, oppose-t-on que ces articles s'appliquent seulement au cas où la femme fait valoir son hypothèque à raison de sa dot *mobilière*. Cette objection tombe devant la généralité des termes de nos articles : ils accordent à la femme le bénéfice de l'hypothèque légale, « *pour raison de sa dot et conventions matrimoniales,* » dit l'art. 2135; « *pour ses droits,* » dit l'art. 2121; or, sous ce mot *droits* rentrent évidemment toutes les expectatives quelconques de la femme, soit mobilières, soit immobilières, de même que le mot *dot* comprend la dot consistant en un patrimoine immobilier aussi bien que la dot consistant en un patrimoine mobilier. Sans doute les créanciers du mari verront diminuer leur dividende par le concours de la femme. Mais ils ne sont pas recevables à s'en plaindre; car ils ont traité en connaissance de cause; ils ont pu et dû prévoir l'éventualité d'un recours de la part de la femme, puisque la loi accorde expressément à celle-ci une hypothèque pour la conservation de tous ses droits (art. 2121). Ils sont en faute, s'ils n'ont pas pris toutes leurs précautions : *jura vigilantibus prodesse solent* (Comp. Cass., 16 novembre 1847, Dev., 48, 1, 25; Cass., 3 mai 1853, D. P., 53, 1, 137). L'option de la femme et sa collocation sur le prix des immeubles de son mari emportent, en général, déchéance de l'action révocatoire et ratification tacite de l'aliénation de l'immeuble dotal par application de la règle *electa una via, non datur regressus ad alteram,* et à raison de ce principe d'équité d'après lequel nul ne doit s'enrichir aux dépens d'autrui : Cass., 24 juillet 1821 (Sirey, 1821, 1, 422 et 475).

SECONDE PARTIE

***

De la société d'acquêts jointe au régime dotal (art. 1581).

SOMMAIRE.

34. Le régime dotal, en entourant la femme d'incontestables protections, est, par ce caractère conservateur même, un régime d'immobilité. L'inaliénabilité de la dot, restreinte aux immeubles par la doctrine, étendue aux meubles par la juris-

prudence, diminue le crédit du ménage et du mari. Ce n'est pas tout. Une société, pour être durable, ne suppose pas seulement un but commun offert aux efforts des associés et des liens réciproques de sympathie et de confiance; la plus solide des associations est celle où la communauté des intérêts vient corroborer la communauté du but et des affections. Ce gage d'union est particulièrement désirable dans le mariage, type de la société dans ce que ce contrat a de plus relevé et de plus intime. N'est-ce pas même la raison décisive qui explique, qui justifie peut-être le choix que le législateur a fait du régime de communauté comme régime légal et présumé, en l'absence de toute convention contraire? — Or, une pareille garantie manque aux époux mariés sous le régime dotal pur et simple. Leurs intérêts, leurs patrimoines sont plutôt juxtaposés, qu'unis et confondus. La femme reste étrangère aux accroissements de fortune qui adviennent au mari, et le mari, de son côté, ne participe pas à l'augmentation des biens paraphernaux. Administrateur et usufruitier de la dot, (art. 1549), il peut, il est vrai, accroître ce fonds par une sage et heureuse exploitation, et profiter des économies réalisées sur les revenus. Mais la femme, qui n'a point part à ces bénéfices, ne verra point sans un certain regret cet enrichissement effectué sur un patrimoine qui, en définitive, est le sien. Tandis que le mari s'efforcera d'économiser et de capitaliser les revenus, elle poussera à la dépense et sera toujours disposée à critiquer l'administration du mari comme mesquine et inférieure à sa condition. De ces tendances contraires viendront des tiraillements, et bientôt peut-être la discorde. En dernière analyse, le régime dotal pur a le grave inconvénient d'isoler les intérêts des époux et de laisser la femme indifférente à la prospérité des affaires du mari.

Comment remédier à ce vice du régime dotal? N'y a-t-il pas une incompatibilité absolue entre ces deux choses: *dot* et *communauté?* — Non: la loi fournit le moyen facile de combler cette lacune, de concilier cette antinomie apparente: il suffit de faire usage de l'article 1581 et d'insérer dans le contrat de mariage une clause de société d'acquêts.

Cette disposition n'est pas une innovation du législateur: elle a pour elle la consécration du temps (Comp. Tessier, *Des sociétés d'acquêts*).

En effet, le régime mixte de la communauté d'acquêts adjointe au régime dotal était presque devenue une clause de style dans les contrats de mariage passés dans le ressort du parlement de Bordeaux. — La coutume de Normandie, qui prohibait le régime de communauté, avait elle-même adouci sa sévérité en faveur de cette stipulation. Bien plus, il semble que le remède soit né presque aussitôt que le mal : car nos vieux auteurs rapportent l'honneur de l'invention au droit romain, et en particulier aux ff. 16, § 3, *De alimentis et cib. leg.*; 7, *pro socio* (Cujas, *Consult.*, VII; Ferrière, *Traité de la cout. de Paris*; Bouhier, *Cout. de Bourgogne*). Les rédacteurs de notre Code ont adopté cette combinaison, qui restitue à la femme son rôle naturel d'associée et de compagne du mari, *laborum periculorumque socia*, comme disait Tacite. On fit remarquer, dans les travaux préparatoires, qu'elle est surtout « favorable aux époux, qui mettent dans leur mariage plus d'espérances et de tendresse que de fortune. » Et on l'autorisa par une disposition formelle « pour rassurer une des plus florissantes cités de la République sur la jouissance d'un usage qu'elle affectionnait et qui n'était qu'un mélange légitime des deux systèmes » (Rapport de M. Duveyrier au Tribunat, Locré, t. XIII, p. 303).

33. Pour se rendre un compte exact de l'utilité et des conséquences juridiques que produit cette combinaison du régime dotal et de la communauté, il convient de se placer à trois époques successives. La société d'acquêts peut être considérée comme une institution juridique ayant un commencement, une durée et une fin (Salviat, p. 14; — Tessier, n⁰ˢ 170 et 227).

Étudions donc ses caractères et ses effets:

I. Au moment de sa formation ;

II. Pendant sa durée ;

III. Au moment de sa dissolution.

Telles sont, du reste, les divisions habituelles de notre cours sur la matière. Le présent travail est la reproduction complète de notre leçon sur l'article 1581.

CHAPITRE PREMIER.

DE LA SOCIÉTÉ D'ACQUÊTS CONSIDÉRÉE AU MOMENT DE SA FORMATION.

36. Lorsqu'une société d'acquêts est jointe au régime dotal, conformément à l'art. 1581, il y a, en réalité, deux régimes distincts qui coexistent : l'un n'absorbe pas l'autre. Les effets de la communauté d'acquêts s'appliquent relativement à certains biens, tandis que certains autres relèvent de la dotalité pure avec toutes ses conséquences. La difficulté vient précisément de la nécessité de concilier ou plutôt de combiner et de juxtaposer ces principes divers.

A nos yeux, la formule fondamentale qui doit constamment servir de guide dans cette matière est celle-ci : *tous les biens, qui ne rentrent pas dans la société d'acquêts, sont soumis au régime dotal* et à toutes les règles qui en découlent habituellement, art. 1549, 1554 et suivants.

37. Ceci dit, occupons-nous de la société d'acquêts considérée au moment de sa formation. A cette première époque, deux questions se présentent à l'esprit :

1° Comment se forme cette société ?

2° De quelle masse de biens se compose-t-elle ?

SECTION I

Comment se forme la société d'acquêts ?

38. Il s'agit d'une clause exceptionnelle, qui doit modifier profondément l'essence du régime dotal : on ne doit donc point la présumer ; il faudra, dans le contrat de mariage, une clause bien formelle. Sans doute, on n'exigera point une formule sacramentelle et un renvoi exprès à l'art. 1581 : il suffit que la volonté des parties soit claire et précise : si l'on a stipulé que les époux seront communs en tous les biens qu'ils acquerront, cette clause devra être considérée comme constitutive de la société d'acquêts (Pothier, *Communauté*,

n° 317; — Cass., 16 septembre 1840, Dev., 41, 1, 11; —
Contrà, Toullier, XIII, n° 317). — S'il y a doute sur l'interprétation de la clause insérée dans le contrat, l'intention
d'admettre une société d'acquêts sera plus facilement admise
dans les contrées qui en ont l'habitude longue et invétérée,
telles que les départements de l'ancien ressort de Bordeaux et
de l'ancienne Normandie. L'usage est le meilleur interprète
des conventions (Troplong, *Contrat de mariage*, n° 1855).
Toutefois il ne faut pas exagérer ce principe. Un contrat de
mariage qui se référerait purement et simplement aux sta-
tuts anciens de la ville de Bordeaux violerait trop ouvertement
l'art. 1390, pour être validé.

Voilà pour la forme.

39. Au point de vue de la capacité, il faut se reporter à l'application des règles générales (art. 1123 à 1125).

Mais *quid* si un mineur, habilité dans les termes de l'art. 1398,
a fait un contrat de mariage emportant adoption du régime
dotal avec adjonction de société d'acquêts?

Trois systèmes sont en présence :

Le premier valide le contrat pour le tout;

Le deuxième distingue entre la convention principale por-
tant adoption du régime dotal, et la clause accessoire de
communauté : la première est valable, la deuxième est
nulle;

Le troisième système déclare le contrat nul pour le tout.

Le *premier système* s'appuie sur les principes généraux du
droit et sur l'intérêt du mineur.

En thèse générale, le mineur peut rendre sa condition
meilleure; la loi ne le protège qu'autant qu'il éprouve
un dommage: *minor restituitur non tanquam minor, sed tanquam læsus*. Or le mineur n'aliène rien dans l'espèce, puisqu'il conserve en propre tous les biens qu'il possédait au
moment du mariage. De plus, il rend sa condition meilleure,
puisqu'il pourra, en vertu de la clause de société, prendre
part aux bénéfices de l'industrie séparée de son conjoint.
Annuler le contrat, ce serait tomber dans la communauté
légale, et sanctionner précisément ces aliénations dont la loi
déclare le mineur incapable.

D'autre part, l'intérêt du mineur commande cette solution.
Il a voulu s'associer son conjoint dans une mesure restreinte.

Violant son intention formelle, vous allez tout mettre en commun et diminuer son patrimoine!

Le *deuxième système* prétend s'appuyer sur le fondement rationnel de l'incapacité du mineur. On veut éviter les aliénations, les ruines irréfléchies. La clause de communauté réduite aux acquêts amène, même dans cette mesure restreinte, une aliénation, sinon immédiate, au moins prochaine : donc il faut l'annuler. Au contraire, le régime dotal conserve à chacun le sien. Donc maintenons la stipulation qui l'institue.

Le *troisième système*, celui que nous proposons, est conforme au texte et aux principes.

1° L'art. 1308 est formel : le contrat est nul : donc on rentre sous l'application de l'art. 1393 ;

2° On ne peut, comme dans le précédent système, diviser le contrat de mariage. Un acte doit être pris dans son entier : *aut ex toto sumendum, aut ex toto rejiciendum*. Sans doute, il est regrettable que la loi impose ainsi une aliénation considérable à un incapable ; mais c'est la conséquence forcée de l'adoption de la communauté comme régime légal. On peut critiquer cette volonté de la loi, mais il faut y obéir.

SECTION II

Quelle est la composition de la masse commune ?

40. Cette masse a un actif et un passif ; mais, au moment même du mariage, elle n'a, pour ainsi dire, que des espérances ; c'est une société *in futurum*. Toutefois, on peut, dès cette époque, fixer, sinon le *quantum* de cette masse, au moins la nature des biens qu'elle comprendra.

41. *Activement*, elle se composera : 1° des revenus et des fruits des biens mobiliers et immobiliers propres au mari ; de ceux de la dot, soit présente, soit à venir ; de ceux enfin des paraphernaux, sauf controverse, tranchée plus loin, sur l'étendue de cet apport de la femme dans la communauté.

Elle se composera : 2° de toutes les acquisitions faites à titre onéreux pendant le mariage, au moyen des revenus économisés ou par l'exercice de l'industrie de l'un ou de l'autre des époux. Quant au point de savoir quelles acquisitions sont vraiment le fruit de l'activité du mari ou de la femme, cette question rentre surtout dans l'explication spéciale des art. 1498 et 1490.

Restent en dehors de la société :

1° Les meubles et immeubles appartenant aux époux au moment du mariage — ceux constitués en dot, aussi bien que les paraphernaux et les biens du mari;

2° Les meubles et immeubles qui échoient pendant le mariage à l'un des époux par succession ou donation;

3° Les biens acquis par le pur effet du hasard, comme la part du trésor attribuée à l'époux *jure inventionis;*

4° Les biens subrogés aux biens propres qui viennent d'être énumérés :

Soit par l'effet d'une dation en payement (art. 1406);

Soit par voie d'échange (art. 1407);

Soit par acquisition du surplus d'un immeuble indivis entre l'époux et un tiers (art. 1408);

Soit enfin par voie de remploi.

Le remploi doit se faire suivant les règles édictées par les art. 1434 et 1435. Nous n'approuverons donc pas la doctrine d'un arrêt de Rouen du 26 avril 1872 (Dev., 73,2,133), décidant que l'acceptation formelle du remploi par la femme n'est pas exigée sous le régime dotal. L'art. 1581 renvoie aux art. 1408 et 1490. Or, il n'est point douteux que sous le régime de la communauté réduite aux acquêts, et en vertu de l'art. 1528, l'art. 1435 ne soit applicable.

Ici nous devons faire une observation importante : L'immeuble acquis peut remplacer, dans les biens de la femme, soit un immeuble paraphernal, soit un immeuble dotal, lorsque la dot a été stipulée aliénable sous condition de remploi. Dans les deux cas, le nouveau bien est considéré, au respect de la société d'acquêts, comme un propre de la femme. Si le prix d'acquisition dépasse notablement le prix de l'immeuble aliéné et qu'il faut remplacer, il y a indivision entre la femme et la société d'acquêts dans la proportion de la différence des valeurs (Bordeaux, 13 mai 1872, Dev., 73,2,30). Si l'immeuble acquis n'est point destiné à remplacer un autre immeuble, mais à servir de placement ou d'emploi aux deniers dotaux, il faudra le considérer comme dotal, si la

condition d'emploi a été stipulée : par suite, il ne profitera à
la société que pour les revenus. Ou bien il faudra le considérer comme un acquêt pur et simple tombant pour le tout
dans la communauté, si cette condition d'emploi fait défaut.
Mais on ne pourra jamais le considérer comme appartenant
exclusivement au mari, à moins qu'il ne justifie, d'après les
règles de l'art. 1434, que l'acquisition provient de ses deniers
personnels (Cass., 10 décembre 1871, Dev., 71,1,192). Telle
est la composition de la masse active.

42. Pour le *passif*, et au point de vue de la contribution
respective des époux, il y a des dettes qui restent définitivement à la charge de la société, il y en a d'autres qui ne sont
payées par elle que provisoirement, en ce sens qu'il y a lieu
à récompense.

Les premières comprennent : 1° toutes celles qui peuvent
être considérées comme une charge ordinaire des revenus;
2° celles qui ont été contractées par le mari en qualité d'administrateur, ou par la femme autorisée de son mari, ou de
la justice, dans les cas prévus par l'art. 1427.

Les secondes comprennent : 1° Toutes les dettes mobilières
ou immobilières des époux antérieures au mariage; 2° toutes
les charges dépendant des successions mobilières ou immobilières échues aux époux pendant le mariage; 3° en un mot,
toutes celles qui ont été contractées dans l'intérêt personnel
de l'un des époux. Dans tous ces cas, si la communauté paye,
elle a droit à récompense. Nous renvoyons ici aux règles ordinaires du régime légal (art. 1498 et 1499, combinés avec les
articles 1409 et suivants). Ajoutez le programme de nos cours
approfondis sur la communauté réduite aux acquêts, qui est
le régime habituel du nord de la France.

43. Telle est la composition de la société, lorsque les
époux se sont référés purement et simplement aux art. 1498
et 1499. Ils peuvent la modifier par des stipulations particulières. Ainsi nous considérons comme valable la réduction de
la société aux acquêts immobiliers. On a pu contester la vali-
dité de cette clause, lorsque le régime principal des époux est
celui de la communauté; mais, sous le régime dotal, elle est
certainement plus avantageuse pour la femme que la dotalité
pure et simple. Sans cette clause, elle n'aurait même pas
l'espérance de participer aux économies faites sur les revenus.

Dans ce cas, toutes les dettes communes tomberont, suivant les règles ordinaires, à la charge de la société sans distinguer si le mari a, ou non, fait des acquisitions immobilières. La femme accepte d'avance ce résultat, en souscrivant à cette stipulation de confiance ; elle peut, du reste, échapper à tout danger par la renonciation.

Les époux peuvent aussi convenir que les biens dotaux seront exclus de la société. Dans ce cas, le fonds commun ne comprend que les revenus des biens propres du mari et des paraphernaux ; les économies réalisées sur la dot appartiennent définitivement au mari, comme sous le régime dotal pur et simple. Ce résultat est bizarre : le mari a alors la jouissance exclusive de certains biens de la femme, tandis qu'il n'a même pas celle des siens propres (Marcadé, sur l'art. 1581, III). Aussi ne peut-on l'admettre qu'en présence d'une clause bien formelle. En vain soutiendrait-on que les époux, en convenant d'une société d'acquêts, n'ont pas pu vouloir modifier les caractères essentiels du régime principal qu'ils adoptaient, et qu'il s'agit uniquement de juxtaposer les deux clauses, et non pas de les dénaturer l'une par l'autre. La société d'acquêts ne s'ajoute pas seulement au régime dotal, elle en modifie profondément l'économie, sans la détruire toutefois. — C'est ce que nous allons voir en l'étudiant pendant sa durée.

CHAPITRE II

DE LA SOCIÉTÉ D'ACQUÊTS CONSIDÉRÉE PENDANT SA DURÉE.

41. Comme nous venons de le dire, la clause qui nous occupe n'a point une sphère tellement spéciale d'application, qu'il s'agisse uniquement d'ajouter aux règles du régime dotal celles du régime de communauté. Entre deux institutions si différentes, des conflits s'élèvent, et à chaque instant on se trouve en présence de règles contradictoires. Ces oppositions nécessaires et fatales prouvent bien qu'il faut s'en tenir à une

combinaison des deux régimes, bien plus qu'à leur développement parallèle et distinct. Mais à la lumière de quel principe général pourra-t-on les résoudre et préparer la solution?

Ce principe est celui-ci : pour tout ce qui concerne le
fonds commun, application des règles de la communauté;
pour tout ce qui concerne les biens restant en dehors de
la société, application des règles du régime dotal. Ce principe nous paraît être l'expression de la règle souveraine en
matière d'interprétation des conventions : l'intention des parties. Qu'ont-elles voulu, en effet? Conserver toutes les garanties du régime dotal; d'autre part, partager entre les époux
les fruits de leur collaboration ou de leur industrie séparée.
Par conséquent, quand il s'agira de garanties pour la femme,
quoi de plus juste que d'appliquer les règles qui la protégent,
c'est-à-dire celles du régime dotal? Et quand il s'agira de la
participation aux bénéfices communs, quoi de plus rationnel
que de s'en tenir aux règles qui ont pour but de rendre ces
bénéfices plus certains et plus considérables, c'est-à-dire les
règles de la communauté?

Avec cette distinction, on peut se rendre un compte exact
de la situation juridique des deux époux, soit dans leurs rapports respectifs, soit à l'égard de leurs créanciers.

Pour plus de clarté, envisageons successivement cette situation à trois points de vue :

1° En ce qui concerne les biens constitués en dot;

2° En ce qui concerne les biens paraphernaux;

3° En ce qui concerne les biens communs.

45. A. Les biens *dotaux* conservent leurs caractères essentiels, l'inaliénabilité et l'imprescriptibilité, soit pour les
immeubles seulement, si vous n'adoptez pas le système de la
jurisprudence, soit à la fois pour les meubles et les immeubles, si vous l'adoptez. Par suite, ils échappent au droit de
poursuite des créanciers, envers lesquels le mari ou la femme
se sont obligés pendant le mariage. D'un autre côté, le mari
conserve l'administration de la dot, avec le pouvoir d'intente
seul, en ce qui la concerne, les actions pétitoires. Seulement
il n'est plus usufruitier: tous les revenus tombent dans la société : *in societatibus fructus sunt communicandi* (L. 31, § 1, *pro
socio*). La combinaison de notre article avec les articles 1408
et 1409, d'une part, et l'art. 1528, d'autre part, prouve bien

qu'il faut appliquer ici le principe général, qu'à moins de stipulations contraires tous les revenus des biens propres des époux tombent sans distinction dans la communauté (Comp. Rodière et Pont, t. III, n° 3036 ; Troplong, n° 1911 ; — Angers, 10 août 1839, Dev., 40,2,130).

46. B. Pour les biens *paraphernaux*, une grave question se présente. La femme conserve-t-elle l'administration de ce patrimoine extradotal, sous l'obligation de verser les revenus et les acquêts dans la société ? Ou bien, au contraire, est-ce le mari qui prend en mains l'administration de ces biens, comme il dirige celle des biens propres de la femme commune ?

Un *premier système* adopte le premier parti, et s'appuie d'abord sur les précédents historiques, puis sur les principes généraux du droit :

1° Sous l'empire de la coutume de Bordeaux, on admettait que la femme, en stipulant la communauté d'acquêts, n'entendait pas renoncer au droit qu'elle a, sous le régime dotal, d'administrer ses paraphernaux (Tessier, n° 85) ;

2° *Principes généraux.* La femme, sous le régime de la communauté, peut, par une clause formelle, se réserver l'administration de tout ou partie de ses propres et le droit de disposer de ses revenus. Or, la femme manifeste une volonté semblable en soumettant les biens extradotaux au régime de la paraphernalité. La convention de société d'acquêts n'a rien qui puisse contredire cette intention ; soutenir le contraire, ce serait détruire un des effets essentiels du régime dotal sans profit pour personne. *Sic*, Rodière et Pont, III, n°· 2031 et 2035 ; Aubry et Rau, V, p. 644 ; Cass., 14 novembre 1864, Dev. 65, 1, 31 ; Riom, 31 janvier 1866, Dev. 67, 2, 87. Comp. Agen, 17 nov. 1852, Dev. 52, 2, 591. La question est la même, et la solution à donner identique pour la *jouissance* et pour l'administration des biens paraphernaux (art. 1576, al. 1er). Voy. Agen, 17 nov. 1852 (D. P., 53, 2, 56) ; Cass., 15 juil. 1816 (D. P., 1816, 1, 356). La Cour de cassation a même été jusqu'à décider que la femme aurait l'administration exclusive de ses biens paraphernaux, même dans le cas où il aurait été expressément convenu dans le contrat de mariage que les revenus des paraphernaux tomberaient dans la communauté d'acquêts stipulée entre les époux : Cass., 14 nov. 1864 (D. P.,

D. DE F.   4

1805, 1, 137 et 138); ajoutez les nombreuses autorités citées par M. Dalloz, *Code civil annoté*, sur l'art. 1581, n°° 21 à 28. M. Troplong, qui adopte ce système (*Cont. de mariage*, IV, n°° 1864 et 1600), le corrige pourtant par une distinction. Il l'accepte pour les véritables paraphernaux, c'est-à-dire pour ceux qui ont été expressément déclarés tels par le contrat de mariage; mais il le repousse pour les paraphernaux adventifs, qui ne sont hors de la dot que parce que la femme n'a pas prévu qu'ils lui adviendraient un jour. Cette distinction est purement arbitraire. Si la paraphernalité suppose, par elle-même, la volonté de la femme de se réserver la direction de son patrimoine propre, cette présomption doit être admise ou rejetée pour le tout.

Nous croyons devoir nous en tenir à ce dernier parti, qui nous paraît conforme à l'intention des époux, aux textes et à l'utilité pratique :

A l'intention des époux... Que veulent-ils, en effet ? Prendre au régime dotal son système de garanties et s'assurer un fonds commun, qu'ils ont intérêt à voir le plus riche possible. Laisser à la femme l'administration des paraphernaux n'est pas une garantie pour elle; au contraire, la confier au mari, c'est assurer à la société l'unité de direction, qui seule peut procurer l'augmentation du fonds commun. L'intention des époux a donc été de réserver au mari cette administration. La gestion des paraphernaux par la femme est si peu de l'essence du régime dotal, qu'elle peut, sous ce régime pur et simple, s'en décharger sur le mari par un simple mandat. La clause de société suppose raisonnablement cette délégation (Marcadé, sur l'art. 1581, II, à la note; Colmet de Santerre, VI, n° 252 *bis*, art. 1577);

Aux textes... L'art. 1581 renvoie aux art. 1108 et 1409. Or, sous le régime de communauté, même réduite aux acquêts, le mari a toujours l'administration des biens propres de sa femme;

A l'utilité pratique... Diviser la gestion des patrimoines, c'est préparer des conflits, ou tout au moins diminuer les profits qui doivent devenir communs.

Mais quelles seront les limites du mandat ainsi confié au mari ? Pourra-t-il exercer les actions pétitoires ? aliéner les meubles ?

Sur le premier point, nous admettons la négative. L'exercice des actions pétitoires dépasse les bornes ordinaires de
l'administration, c'est un pouvoir exceptionnel. La loi ne
l'accorde qu'en ce qui concerne la gestion de la dot : donc,
refusons-le, quand il s'agit d'autres biens. Comp. art. 1540.

Non encore sur le second point. En vain prétend-on que le
mari peut plaider et qu'en plaidant mal, il lui est loisible de
déguiser une aliénation (art. 1428 ; fr. 7, § 2, *de jure delib.*).
En vain invoque-t-on *à contrario* ce même article 1428, qui
défend au mari d'aliéner les immeubles. Autre chose est
plaider, c'est-à-dire agir en justice avec les garanties de savoir et d'intégrité qu'offre la présence des magistrats, autre
chose aliéner, c'est-à-dire transmettre la propriété par un
acte isolé et indépendant de la volonté. L'art. 1428 défend
d'aliéner les immeubles, il est muet sur les meubles, et cela
pour une raison bien simple : sous le régime de communauté,
tous les meubles deviennent communs : la question ne peut
même pas naître. Dès lors, rentrons dans le droit commun,
qui refuse à tout mandataire le pouvoir d'aliéner (art. 1988).

Quant au droit de poursuite des créanciers, ils ne peuvent
en principe l'exercer sur les biens paraphernaux, soit pour les
dettes personnelles du mari, soit pour les dettes communes.

47. C. Reste une dernière masse de biens, à savoir le
fonds commun. Ici la règle est plus facile : c'est un renvoi
pur et simple au régime de la communauté, soit pour les pouvoirs du mari, soit pour le droit de poursuite des créanciers.

Mais, en ce qui concerne ces derniers, une remarque générale doit être faite. Tout immeuble est réputé acquêt (art.
1402). S'ils ont action contre la communauté ou le mari, c'est
à celui-ci ou à la femme à limiter leurs poursuites en prou-
vant le caractère dotal ou paraphernal de l'immeuble saisi.
Pour les meubles, ils sont aussi présumés confondus dans le
patrimoine du mari ; les époux ne peuvent prouver qu'ils
sont propres qu'au moyen d'un inventaire (Cass., 19 juin 1855,
Dev. 55, 1, 508) ou d'un état authentique (Aubry et Rau, V,
§ 541 *bis*). Mais il faut noter que cette preuve rigoureuse n'est
exigée que vis-à-vis des créanciers. Il en est autrement dans
les rapports des époux entre eux, ainsi que nous allons le
voir en étudiant la société d'acquêts sous son dernier aspect.

48. Il importe toutefois auparavant de signaler une ques-

tion pratique, résolue par la Cour de cassation à la date du 20 juin 1847 (D. P., 1847, 1, 205).

On sait que l'établissement de la société d'acquêts (art. 1581) laisse néanmoins subsister le principe de l'inaliénabilité dotale (art. 1554), avec ses deux corollaires, l'insaisissabilité et l'imprescriptibilité.

Eh bien, la part revenant à la femme dans la société d'acquêts, devra-t-elle être considérée comme atteinte par l'inaliénabilité dotale? Pour que cette question puisse se présenter, il faut supposer que la femme s'est constitué en dot ses biens *présents et à venir*.

Nous n'hésitons pas à décider, avec la Cour de cassation, que la part revenant à la femme dans la société d'acquêts ne sera jamais dotale. Elle nous paraît, au contraire, par la force même des choses, devoir être soumise aux règles de la communauté légale.

Cette doctrine ne saurait tout d'abord être douteuse dans le cas de dissolution du mariage par la mort de l'un des époux : car, si les biens, revenant à la femme dans la société d'acquêts, sont réputés lui appartenir rétroactivement par le fait de son acceptation, ils lui sont du moins acquis comme biens communs, comme biens dépendant de la communauté limitée, stipulée au début de l'union civile (art. 1453 et 1474) : or les biens *communs* n'ont jamais pu être frappés d'inaliénabilité en vertu de l'art. 1554.

La difficulté est plus grande dans le cas de séparation de biens (art. 1561 et 1563) : car l'inaliénabilité lui survit de l'aveu de tout le monde et elle peut, en fait, s'appliquer, en vertu du contrat de mariage, aux biens présents et aux biens à venir. Or la femme demande précisément à faire résulter la dotalisation de sa part dans les acquêts, de ce qu'elle s'est constitué en dot *tous les biens qu'elle recueillerait durant le mariage*, par succession, donation, legs ou *autrement*.

Néanmoins la Cour de cassation, à la date du 20 juin 1847 (D. P., 1847, 1, 205 à 207), a repoussé cette prétention, en rejetant un pourvoi formé contre un arrêt de la Cour d'appel de Rouen, en date du 25 juin 1844. La Cour suprême a nettement consacré les deux solutions suivantes :

a. Il n'est pas permis à la femme mariée sous le régime dotal, avec société d'acquêts, de stipuler la dotalisation de sa part dans les acquêts, en cas de dissolution de cette société durant le mariage;

b. Par suite et à plus forte raison, la femme n'est pas recevable à faire résulter virtuellement cette dotalisation de ce qu'elle s'est constitué en dot non-seulement tous ses biens présents, mais encore tous ceux qu'elle recueillerait durant le mariage, par succession, donation, legs *ou autrement.*

Cette doctrine nous paraît solidement appuyée sur les textes et sur les principes :

1° D'abord elle repose sur les *textes :* aux termes de l'article 1581, les biens qui font partie de la société d'acquêts relèvent des règles ordinaires de la communauté : or, d'après les articles 1498 et 1499 combinés avec les articles 1421 et suivants, les biens communs sont aliénables, prescriptibles et saisissables; donc la notion de la dotalité leur est absolument inapplicable et doit être écartée;

2° Les *principes* nous conduisent au même résultat. Les conventions matrimoniales sont essentiellement définitives et incommutables (art. 1387, 1395, 1497, 1581). Les mêmes biens ne peuvent point être successivement communs et dotaux par le fait des époux : or, la séparation de biens judiciaire est révocable et provisoire (art. 1451); donc il est impossible de frapper de dotalité la part de la femme dans les acquêts : car ce serait laisser cette part dans une position incertaine; ce serait créer une sorte de dotalité conditionnelle, subordonnée au non-rétablissement du contrat de mariage originaire. Il pourrait alors arriver que des acquêts, survenus pendant le mariage, commencent par constituer des valeurs disponibles (art. 1581), deviennent inaliénables par la séparation de biens (art. 1561), et finissent par être de nouveau disponibles par le rétablissement volontaire du contrat primitif (art. 1451). C'est là, ainsi que le faisaient remarquer la Cour et le tribunal civil de Rouen, un résultat inadmissible : par la nature même des choses, les acquêts resteront toujours en dehors de la dotalité. Voyez sur ce point, les judicieuses observations de M. le conseiller rapporteur Félix Faure (D. P., 1847, 1, 200).

CHAPITRE III.

DE LA SOCIÉTÉ D'ACQUÊTS ÉTUDIÉE AU MOMENT DE SA DISSOLUTION.

49. Les mêmes causes, qui dissolvent la communauté ordinaire, marquent aussi le terme de la société d'acquêts. La masse à partager se forme et la liquidation des reprises de la femme s'opère de la même façon. La femme notamment pourra faire la preuve, même par la commune renommée, de la consistance du mobilier qui lui est échu *durant* le mariage.

Mais la femme n'aurait point cette voie exceptionnelle de recours ouverte devant elle, pour établir la consistance du mobilier à elle échu *antérieurement* à la célébration de l'union civile : car, alors elle est en faute de n'avoir point fait inventaire, ou tout au moins de n'avoir point exigé du mari une quittance (arg. art. 1502). Le mari, de son côté, ne jouit jamais de ce mode de preuve : *nemo auditur culpam allegans.*

50. Une question naît à propos des fruits. Faudra-t-il appliquer l'art. 1571, et partager les fruits au prorata de la durée du mariage pendant la dernière année, ou, au contraire, arrêter définitivement le compte au moment de la dissolution de la communauté ? Appliquons l'art. 1571, disent MM. Rodière et Pont (III, n° 2038), lorsque la femme renonce. La femme renonçante est censée n'avoir jamais été commune ; il y a effacement rétroactif de la société d'acquêts. Dès lors, nous nous trouvons en face du régime dotal pur et simple. — Mais cette rétroactivité de la renonciation n'existe qu'en faveur de la femme, et uniquement dans le but de la soustraire aux dettes. En fait, et à l'égard du mari, il y a eu une société dont les effets doivent se régler d'après les principes du régime de communauté. Telle est la commune intention des parties au moment du contrat, et le renvoi que fait l'art. 1581 fournit sur ce point un argument péremptoire (Rouen, 3 mars 1833, Dev. 54 2-31). Faisons-donc prédominer les principes de la communauté.

51. Puisqu'il faut appliquer les règles du régime de com-

munauté, la communauté aura droit à récompense pour les frais de labour et d'ensemencement qu'elle a faits en vue de la production des fruits dont elle ne profite pas (Rouen, 3 mars 1853, D. P. 55, 2, 314). C'est le corollaire du système précédent.

52. Une fois la masse composée, la femme a le choix entre l'acceptation et la répudiation : l'option qu'elle fait produit les mêmes conséquences que sous le régime de communauté. Deux questions spéciales se posent sur ce dernier point.

53. La femme peut-elle poursuivre, en vertu de son hypo-thèque légale, les acquéreurs des immeubles communs aliénés par son mari avec son consentement exprimé par son con-cours à l'acte? — Peut-elle opposer son hypothèque légale sur les immeubles de la communauté aux créanciers envers lesquels elle s'est personnellement engagée?

Ces deux questions doivent recevoir une solution com-mune au moyen d'une distinction.

Si la femme renonce à la communauté, elle peut opposer son hypothèque légale aux acquéreurs et à ses créanciers personnels (*Contrà*, Troplong, n° 1011 — Tessier, n° 111. — Comp. Aubry et Rau, V, p. 613, note 3, et 615, note 7). Qu'on ne dise pas, dans le premier cas, que son concours à l'acte emporte renonciation à l'hypothèque légale, que, dans le deuxième cas, elle est personnellement tenue, et qu'on ne saurait admettre qu'elle puisse se soustraire, par un acte de volonté, à des dettes librement contractées. Cela est vrai sous le régime de communauté ordinaire; mais n'oublions pas que le régime dotal est ici le régime principal des époux, et que, pour tout ce qui concerne les garanties données à la femme, il faut appliquer les règles de ce régime. Or la femme dotale ne peut point, pendant le mariage, renoncer à son hy-pothèque légale, même dans la mesure de la dot mobilière, suivant le système de la jurisprudence. La renonciation efface à son égard, et rétroactivement, la société qui a été contrac-tée. On ne peut donc pas lui en appliquer les règles.

Si elle accepte, elle est censée valider tous les actes d'admi-nistration du mari et ratifier les aliénations. Obligée person-nellement, non-seulement par l'acte originaire, mais encore par le fait de l'acceptation, soit vis-à-vis des acquéreurs, soit vis-à-vis de ses créanciers personnels, elle ne peut plus leur opposer son hypothèque : *quem de evictione tenet actio, eumdem agentem repellit exceptio*. Il y a alors renonciation présumée à l'hypothèque, et cette renonciation est valable ; car elle a lieu à un moment où le mariage n'existe plus, ni l'inaliénabilité de la dot (*Contra*, Rodière et Pont, III, n° 2010. — Comp. Cass., 28 juin 1817, Dev., 17, 1, 493). Mais il en serait autrement en cas de séparation de biens, puisqu'elle n'enlève pas le caractère essentiel du régime dotal.

54. Nous appliquerons l'art. 1570, al. 2, plutôt que l'art. 1465, à propos du droit de la veuve aux aliments et au logement. C'est la conséquence de cette considération que le régime dotal est ici le régime principal des époux (Rouen, 3 mars 1853, Dev., 54, 2, 31. — *Contrà*, Rodière et Pont, III, n° 2038). Toutefois la question n'est pas sans difficultés, du moins lorsque la femme *accepte* la communauté d'acquêts. En effet, pour appliquer, contrairement à notre opinion, les articles 1465 et 1481, l'on pourrait faire observer que les droits de reprise du mari pour ses propres sont certainement régis par les principes de la communauté ordinaire (art. 1470 et suivants). Mais il ne faut pas oublier que la femme dotale a stipulé un régime dont on doit faire prédominer les règles, toutes les fois qu'il ne s'agit pas d'un acquêt. D'ailleurs, l'art. 1570, al. 2, devrait évidemment être appliqué, sans difficulté, si la femme avait renoncé à la société d'acquêts, puisqu'alors sa qualité de femme commune serait entièrement effacée. Or, il nous paraît inadmissible que l'application, soit des règles de la communauté posées dans les articles 1465, 1481 et 1495, soit des règles du régime dotal établies par l'art. 1570, al. 2, reste subordonnée à la détermination de la femme au moment de la dissolution de l'union conjugale, c'est-à-dire à une condition purement potestative. De plus, l'art. 1570, al, 2, est plus avantageux à la femme, puisque le privilège qu'il édicte à son profit doit durer une année entière, tandis que ce même privilège sous le régime de la communauté (art. 1465), est renfermé dans la limite des trois mois et quarante jours qui lui sont accordés pour faire inventaire et délibérer. Or, dans le doute, il vaut mieux se prononcer pour la doctrine la plus favorable à la femme : *favores ampliandi*. Cette doctrine nous paraît en même temps la plus juridique.

55. Au point de vue de la restitution de la dot, nous ap-

pliquerons la distinction des art. 1564 et 1565, avec le délai d'un an que ce dernier texte accorde au mari pour la représentation des sommes d'argent et des immeubles mis à prix par le contrat de mariage. L'on a sans doute objecté que la restitution est due, sous le régime dotal combiné avec la société d'acquêts, non pas par le mari personnellement, mais par la masse commune, d'où il suit que les règles de la communauté devraient ici être appliquées, et la restitution de toute partie de la dot être effectuée immédiatement et sans aucun délai. Deux réponses nous paraissent pouvoir être faites à cette objection : 1° le mari est directement responsable et comptable de la dot, et le régime dotal forme la base de l'association conjugale, mitigé seulement à titre accessoire et parallèle par la société d'acquêts : or, il s'agit de restituer la dot, et une dot qui, ne l'oublions pas, était régie pendant le mariage par le principe de l'inaliénabilité. Cela est certain pour la dot immobilière : cela est admis, sauf controverse, par la jurisprudence, pour la dot mobilière (Voyez MM. Aubry et Rau, t. V, p. 597-603, § 537 *bis*). Donc il faut, au moment de la dissolution du mariage, appliquer encore les principes du régime dotal. — 2° La distinction introduite par les art. 1564 et 1565 est d'ailleurs à la fois rationnelle et équitable. Toutes les fois, en effet, que le mari a reçu, non pas des corps certains, mais des choses fongibles, à titre de constitution de dot, il en est devenu propriétaire, et il a pu user de son droit de libre disposition. Il a donc besoin d'un délai que l'art. 1565 fixe avec raison à une année à compter de la dissolution du mariage, pour retirer les placements faits, ou pour se procurer les équivalents qui doivent former l'objet de la restitution à effectuer entre les mains de la femme.

56. Lorsque la femme dotale, usant du droit souverain d'option que lui accorde l'art. 1453, accepte la société d'acquêts, tout le monde admet que le paiement des dettes sociales doit être effectué d'après les règles de la communauté ordinaire : combinez les art. 1482 à 1491, 1498, 1499 et 1581.

Mais les dettes dont la femme sera ainsi tenue comme commune, pourront-elles être poursuivies, même sur les biens dotaux, en supposant qu'un inventaire fidèle et régulier n'ait pas été fait conformément aux art. 1442, 1456,

1457, 1483 et suivants? Nous ne le pensons pas. Sans doute, la femme a accepté la société d'acquêts à un moment où la dotalité avait pris fin par la dissolution du mariage. Sans doute, à cette même époque, la femme peut s'obliger et, devenue veuve, engager les biens ci-devant dotaux; mais, ce que nous soutenons, c'est qu'un semblable engagement ne saurait résulter virtuellement de la seule acceptation, par la femme, de la société d'acquêts. En effet, cette acceptation a uniquement pour résultat de fixer définitivement sur la tête de la femme les conséquences de la communauté d'acquêts dissoute, de manière à la soumettre aux obligations anciennes et contemporaines de l'union conjugale. Or, ces obligations ne sont pas exécutoires sur les biens dotaux, même après qu'ils sont redevenus libres (Cass., ch. réun., 7 juin 1864, Dev., 64, 1, 201; — Bordeaux, 23 mars 1865, Dev., 65, 2, 331). Pour que la femme pût être tenue sur les biens dotaux devenus disponibles pour l'avenir, il faudrait de sa part une convention spéciale et formelle à ce relative, distincte de l'acceptation générale de la société d'acquêts, et créatrice d'une obligation nouvelle. Un engagement nouveau ainsi passé serait valable : car la femme, une fois rendue à la liberté par le veuvage, peut ratifier et rendre exécutoires sur ses immeubles dotaux, des obligations qui, à l'origine, étaient frappées d'une nullité relative (Voyez un article de M. Gide, sur l'incapacité de la femme dotale, dans la *Revue critique* de législation et de jurisprudence, année 1866, t. XXIX, p. 86, texte n° 4 et note 6; — Bordeaux, 20 décembre 1832, Dev., 1833, 2, 279).

SOMMAIRE DE SIX COURS

SUR LA

COMMUNAUTÉ RÉDUITE AUX ACQUÊTS

ET SUR

L'EXCLUSION TOTALE OU PARTIELLE DU MOBILIER

(Art. 1498 à 1504 Cod. civ.)

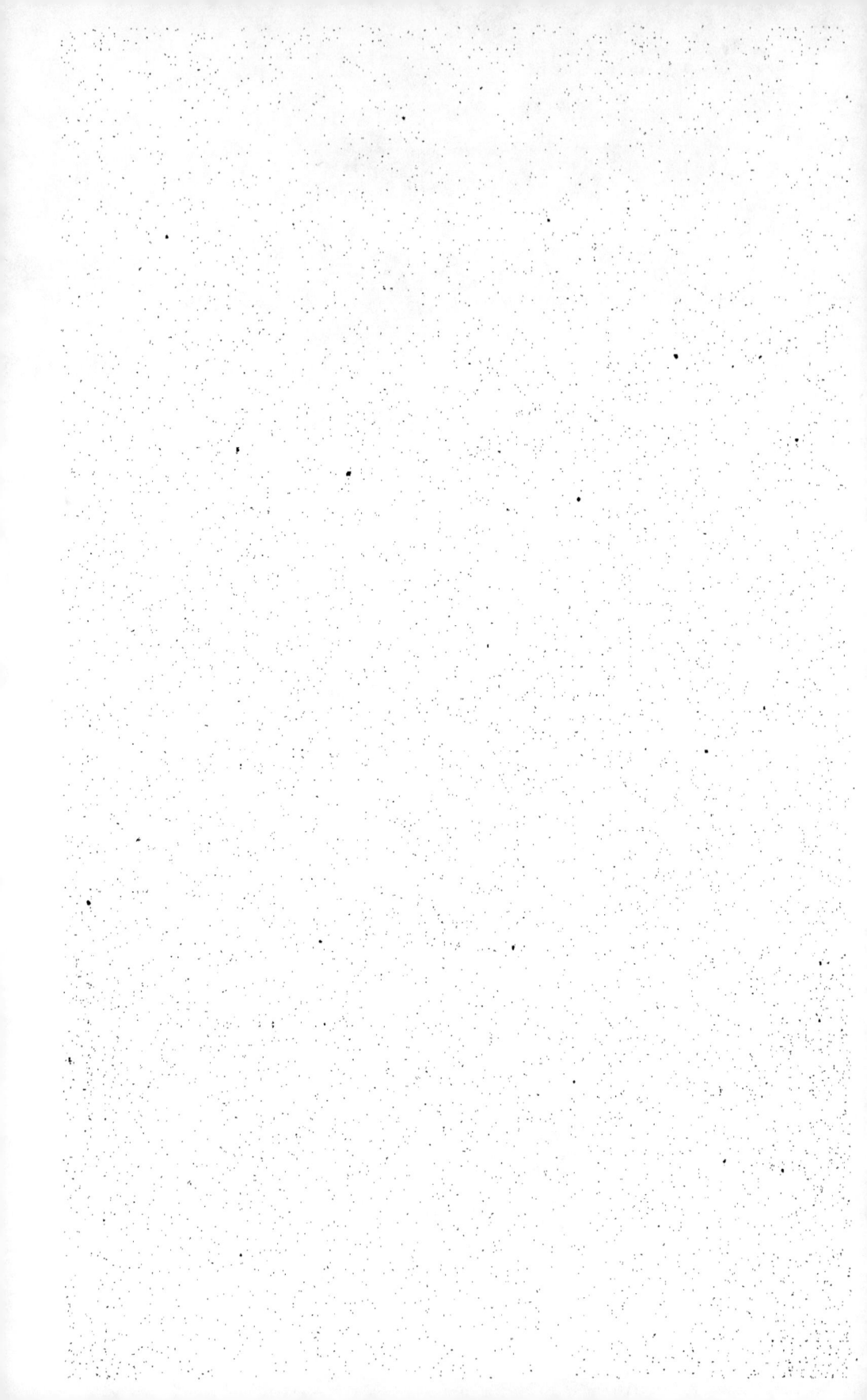

TROISIÈME PARTIE

De la communauté conventionnelle et des conventions qui peuvent modifier la communauté légale.

1. La communauté, dite conventionnelle, n'est point autre chose que la communauté légale maintenue comme principe du régime adopté par les futurs époux, mais modifiée par le caprice de leurs conventions: arg. de l'art. 1528.

2. Ces conventions modificatives peuvent varier à l'infini. Toutefois, le législateur, dans les articles 1497 à 1539, s'est préoccupé de réglementer celles qui se rencontrent le plus souvent dans la pratique. — Texte de l'art. 1497. — Exposition et développement des différentes classifications présentées par les auteurs. Comp. M. Marcadé sur l'art. 1497, n° 1. — Nous suivrons dans nos explications l'ordre adopté par le Code (bien qu'il manque singulièrement de méthode), afin de ne point intervertir les articles, de pareilles interversions devenant souvent une source de confusion pour messieurs les étudiants.

CHAPITRE PREMIER.

DE LA COMMUNAUTÉ RÉDUITE AUX ACQUÊTS.

3. Cette matière forme l'objet des art. 1498 et 1499.

4. La communauté réduite aux acquêts peut être définie, un régime matrimonial dans lequel les époux restreignent

leur association réciproque aux acquisitions à titre onéreux
réalisées durant le mariage, soit par l'industrie commune
des époux, soit par leurs économies séparées faites sur les
revenus, soit enfin par le cours naturel des choses, combiné
avec le travail collectif ou individuel des conjoints. — Examen et critique du texte de l'art. 1498 ; voy, MM. Aubry et
Rau, t. IV, § 522, texte et note 3 (4ᵉ édit. t. V, p. 448).

5. Nous diviserons ce sujet en huit sections : 1° Notions
historiques sur les origines de la communauté réduite aux
acquêts ; — 2° Comment et sous quelles conditions le régime de la communauté réduite aux acquêts peut-il être
constitué? — 3° Quels sont les éléments qui entrent dans
la composition de la communauté réduite aux acquêts, soit
au point de vue actif, soit au point de vue passif, en envi-
sageant la période de formation et le début de cette communauté? — 4° Règles concernant l'administration de la
communauté réduite aux acquêts, et situation respective des
époux sous l'empire de ce régime étudié pendant sa durée,
au point de vue de son mode de fonctionnement ; —
5° Comment la communauté réduite aux acquêts peut-elle
se dissoudre, et quelle est, lors de cette dissolution, la position de chacun des époux ? — Suites de l'acceptation ou de
la renonciation de la femme : (la communauté réduite aux
acquêts est ici étudiée au moment où elle prend fin et dans
sa période de dissolution); — 6° Quelles sont les formalités
particulières exigées par l'art. 1499 pour la constatation du
mobilier appartenant en propre à l'un ou à l'autre des
époux? — 7° Quelles sont les modifications qui peuvent
être apportées par les parties à ce régime, tel qu'il est organisé par le Code civil? — 8° Parallèle final entre la
communauté réduite aux acquêts et la communauté légale
ordinaire. — Appendice : De la société d'acquêts jointe au
régime dotal : texte de l'art. 1581. (Nous traiterons cette
matière de la communauté réduite aux acquêts avec d'autant plus de soin que sa connaissance est d'une utilité pratique extrême dans les départements du nord de la France,
où elle est presque toujours le régime adopté par les per-
sonnes qui se marient.) Comparez, sur les difficultés relatives à la *transcription* en cette matière, M. Mourlon,
Traité de la transcription, t. I, nᵒˢ 50 et 51.

SECTION PREMIÈRE.

Notions historiques sur le régime de la communauté réduite aux acquêts.

6. La communauté d'acquêts entre époux se confond, dans son historique, avec les autres clauses de communauté ordinaire, dont elle n'est qu'une variante.

7. Toutefois, ce qu'il y a de remarquable, c'est que cette convention ne paraît pas avoir été très-usitée dans les pays de Coutumes : elle était plutôt entrée dans les habitudes des pays de Droit écrit, et particulièrement admise dans le ressort du parlement de Bordeaux, où on la pratiquait sous le nom de société d'acquêts (Voy. MM. Rodière et Pont, t. II, n° 1215, *Traité du contrat de mariage*).

8. Cette espèce de communauté semble même n'avoir pas été incompatible avec le régime d'association conjugale organisé par la célèbre coutume de Normandie. — Développement : Comp. MM. Rodière et Pont, t. II, n° 1216.

9. Quoi qu'il en soit, la communauté réduite aux acquêts n'étant, dans son principe, qu'une variété de la communauté légale, les mêmes obscurités qui entourent les origines historiques de ce dernier régime, se présentent pour la communauté réduite aux acquêts. Ici encore, nous admettrons que la communauté de biens a son origine première dans les lois germaniques, modifiées par les mœurs et les usages du moyen âge. L'habitude des sociétés tacites ou taisibles nous paraît avoir eu surtout une influence considérable. Comp. M. Arntz, *Cours de droit civil français*, t. II, p. 219 à 228.

10. Par une singulière vicissitude, le régime de la communauté réduite aux acquêts est peut-être aujourd'hui, de tous les régimes matrimoniaux, le plus fréquemment usité, non-seulement dans les pays qui, comme le Nord de la France, ont toujours pratiqué la communauté de biens, mais encore dans les pays où prévaut le régime dotal. La société d'acquêts, en effet, se greffe aussi bien sur le ré-

gime dotal que sur la communauté ordinaire. L'art. 1581 est formel en ce sens. La prédominance pratique de la communauté réduite aux acquêts tient, du reste, à des causes multiples et diverses. Exposition et développements. Voyez *suprà* l'avant-propos.

11. Il y a plus : la communauté d'acquêts constitue, dans certains pays étrangers, le régime de droit commun. Ces pays sont : l'Espagne (*Statut royal*, loi 1, titre III, livre III), la Bavière, la Hesse, le duché de Nassau. En conséquence, les époux qui en se mariant sans contrat établissent leur domicile matrimonial dans un de ces pays, sont soumis au régime de la communauté d'acquêts qui y est établi comme droit commun. C'est ce qui a été jugé, pour des conjoints qui avaient établi leur domicile en Espagne, par un arrêt de la cour de Pau du 28 août 1835 (Dalloz, *Répertoire alphabétique*, v°. *Domicile*, n° 20).

SECTION DEUXIÈME.

Comment et sous quelles conditions le régime de la communauté réduite aux acquêts peut-il être constitué?

12. Nous nous placerons successivement au point de vue des conditions de forme, au point de vue des conditions de fond et au point de vue de la capacité des parties contractantes.

13 *a*. Quant aux *conditions de forme*, renvoi aux art. 1394 à 1397, combinés avec la loi du 10 juillet 1850. Comp. les art. 67 et suiv. Cod. com.

14 *b*. Quant aux *conditions de fond*, renvoi aux dispositions générales des art. 1387 à 1392.

15. Toutefois quelques observations particulières sont ici, en outre, nécessaires.

16. La communauté réduite aux acquêts est un régime d'exception : il en résulte que cette communauté spéciale ne peut s'établir qu'en vertu d'une convention expresse, insérée au contrat de mariage. Toutefois, la loi n'exige point de termes sacramentels; il faut, mais il suffit, que la volonté des parties ressorte bien clairement de l'acte et de

la comparaison des différentes clauses qui y ont été introduites : Cass., 1ᵉʳ juin 1853, Dev., 1853, 1, 513 à 519. En cas de doute, les tribunaux devraient toujours se prononcer en faveur de la communauté légale ordinaire : ainsi, par exemple, si les deux époux déclaraient se marier en communauté, sans expliquer de quelle communauté ils entendent parler, la convention devrait être interprétée dans le sens de la communauté légale de droit commun.

17. Il ne pourrait y avoir de dérogation à cette nécessité d'une convention claire et formelle, pour l'adoption d'une communauté réduite aux acquêts, qu'au cas où les époux établiraient, en se mariant, leur domicile matrimonial dans un pays qui, comme l'Espagne, par exemple, aurait adopté ce régime de droit commun.

18. Ceci posé, nous admettrons que la communauté se trouve réduite aux acquêts : 1° Lorsque les époux auront stipulé formellement cette réduction, soit en déclarant réduire leur communauté aux acquêts, soit en déclarant n'établir entre eux qu'une communauté restreinte aux acquêts, soit en affirmant qu'il n'y aura entre eux qu'une simple communauté d'acquêts, en un mot, toutes les fois que les époux auront adopté une formule se rapprochant plus ou moins complétement de celle adoptée par l'art. 1498 ;

2° Ainsi encore, lorsque les époux auront déclaré exclure de la communauté tout leur mobilier présent et futur, cette clause se confond entièrement dans ses effets avec celle par laquelle la communauté est expressément réduite aux acquêts : Comp. MM. Aubry et Rau, t. IV, § 522, n° 3, texte et note 20, (nouv. édit., t. V, p. 453, §522, texte n° 3, et note 22) ;

3° Ainsi encore, lorsque les époux auront simplement stipulé qu'ils adoptent la communauté d'acquêts, ou qu'ils entendent être communs en tous les biens qu'ils acquerront, sans s'exprimer directement quant au sort de leurs biens meubles actuels. L'intention des époux est ici manifeste dans le sens de la communauté réduite aux acquêts (sic Pothier, *Introduction au titre de la communauté*, n° 58, et *Traité de la communauté*, n° 317 ; aj. Cass., 16 décembre 1840, Dalloz, v° *Contrat de mariage*, n° 2563 ; Cass. 1ᵉʳ juin 1853 (D. P., 1853, 1, 242).

19. Les futurs époux peuvent, ainsi que nous l'avons déjà indiqué, modifier la communauté réduite aux acquêts en la combinant, soit avec le régime sans communauté, soit avec la clause de séparation de biens, soit même avec le régime dotal : Comp. les art. 1387 et 1581. Ici encore il est certain que la société d'acquêts pourrait résulter d'une stipulation même simplement implicite, pourvu qu'elle parût claire et formelle aux tribunaux. Voy. Paris, 3 janv. 1852 (D. P., 52, 2, 247).

20. *C.* — Quant aux *conditions de capacité,* renvoi à l'art. 1398.

21. Un mineur, non habilité conformément à l'art. 1398, pourrait-il adopter la communauté réduite aux acquêts? — Doutes sérieux. — Solution néanmoins affirmative : arg. *à fortiori* de l'art. 1393 combiné avec l'art. 450 : — *obj.* art. 1398 et 1393 combinés.

22. *Quid* de l'interdit dans les mêmes conditions? — La solution doit être identique, Comp. l'art. 509.

23. *Quid* du prodigue, en supposant une situation analogue? — Même solution : comp. l'art. 513.

24. *Quid* du cas où un incapable se serait marié sans faire aucun contrat pécuniaire de mariage, ou en faisant un contrat radicalement nul, par exemple, pour vice de forme? — Renvoi à une controverse précédemment exposée sur l'art. 1398. L'incapable nous a paru alors devoir être, en dernière analyse, considéré comme marié sous le régime de la communauté légale ordinaire, par application de l'art. 1393, et en vertu d'un quasi-contrat.

SECTION TROISIÈME.

Quels sont les éléments qui entrent dans la composition de la communauté réduite aux acquêts.

25. Pour connaître la composition de la communauté réduite aux acquêts, il est absolument indispensable de se référer aux règles ordinaires de la communauté légale, toutes les fois que ces règles ne sont pas battues en brèche

par une dérogation résultant du fonctionnement normal et régulier de la clause restrictive adoptée par les époux : arg. de l'art. 1528 combiné avec l'art. 1497.

26. Nous nous plaçons ici au point de vue de la *formation* (1) de la communauté réduite aux acquêts et nous allons rechercher quels sont les éléments qui la composent : 1° au point de vue actif ; 2° au point de vue passif.

§ 1.

Éléments actifs de la communauté réduite aux acquêts.

27. Remontons d'abord aux principes généraux de la communauté légale: d'après l'art. 1401, la communauté légale se compose habituellement, au point de vue actif : 1° du mobilier des époux présent et futur ; 2° des fruits et revenus de leurs propres; 3° des immeubles acquis en commun. C'est au premier paragraphe de cet article que déroge notre stipulation de communauté réduite aux acquêts. Le mobilier appartenant aux époux au jour de la célébration du mariage et celui qui leur échoit postérieurement à titre gratuit est exclu de la communauté. Il n'y a plus de mise sociale, créée à forfait par la loi et consistant en la fortune mobilière de chacun d'eux. Comp. MM. Rodière et Pont, t. II, n° 1234.

28. Texte de l'art. 1498. — Il résulte de cette disposition légale que l'actif de la communauté d'acquêts peut comprendre :

1° Les fruits, intérêts et revenus des biens propres des époux ;

_____

(1) Pour la communauté réduite aux acquêts, comme nous l'avons fait pour la communauté légale ordinaire, nous distinguerons trois périodes différentes, en nous plaçant successivement : 1° *au moment de sa formation,* pour nous demander quelle est sa composition, soit active, soit passive (section 3° de notre division générale); — 2° *au moment de son fonctionnement et pendant la durée,* pour rechercher comment elle est administrée, et quelle est la position respective des époux, placés en face de cette simple société d'acquêts (section 4° de notre division générale; — 3° *au moment de sa dissolution,* pour étudier les conséquences pratiques de cette dissolution une fois consommée (section 5° de notre division générale).

2° Les bénéfices résultant de l'industrie commune ou même des travaux séparés, soit du mari, soit de la femme ;

3° Les acquisitions faites à titre onéreux par les époux, ensemble ou séparément, durant le mariage, à l'aide des économies réalisées, soit sur les fruits et revenus, soit sur les bénéfices de l'industrie et du travail ;

4° Nous étudierons les difficultés spéciales que peut soulever l'attribution des bénéfices exceptionnels profitant à l'un ou à l'autre des époux à l'occasion d'un fait extérieur, ou à raison d'un risque couru ;

5° Enfin, nous préciserons exactement les principaux titres en vertu desquels des biens peuvent rester propres aux époux.

20. N° 1. — *Fruits, intérêts et revenus des biens restés propres aux époux.* — Texte de l'art. 1498 *in fine.* Exposition : MM. Rodière et Pont, t. II, n° 1235. — Distinctions à faire (n° 1236).

30. *Quid* en ce qui concerne les fruits pendants par branches et par racines, soit au moment du mariage, soit lors de la dissolution de la communauté (n° 1237).

31. L'époux sur le fonds duquel il existe des fruits pendants par branches ou par racines, à la dissolution de la société conjugale, doit récompense à la communauté pour les frais de semence et de culture. — Réciproquement, la communauté doit récompense pour les mêmes frais à l'époux propriétaire du fonds sur lequel il existait, au moment du mariage, des fruits que la communauté a perçus. Démonstration : voy. MM. Rodière et Pont, t. II, n° 1238 et 1239.

32. La communauté réduite aux acquêts est donc usufruitière des fruits, intérêts et revenus provenant, pendant le mariage, des biens restés propres aux deux époux.

33. *Quid* si l'un des deux époux est titulaire d'une rente viagère ? Appliquez l'art. 588.

34. N° 2. — *Bénéfices résultant de l'industrie commune, ou même des travaux séparés, soit du mari, soit de la femme.* — Texte de l'art. 1498, al. 2. — La communauté réduite aux acquêts ne comprend pas évidemment le mobilier appartenant aux époux au jour du mariage, ni celui qui peut leur advenir depuis à titre de succession ou de dona-

tion. Mais quant au mobilier provenant d'une autre source, par exemple de l'industrie ou du travail commun ou séparé des époux, il tombe dans la communauté d'acquêts. — Les bénéfices dont il s'agit auront leur source, tantôt dans un travail manuel, tantôt dans un travail intellectuel.

35. Quant au *travail manuel*, le salaire gagné par l'ouvrier le lendemain de ses noces appartiendra à la communauté d'acquêts. — *Secùs* du salaire gagné avant le mariage : ici la communauté d'acquêts ne serait qu'usufruitière des revenus de ces salaires. Ici, du reste, il n'y a aucune difficulté.   •

36. Quant au *travail intellectuel*, il convient d'entrer dans quelques détails.

37. D'abord la communauté réduite aux acquêts acquiert certainement la propriété des compositions littéraires, scientifiques ou artistiques et des inventions faites pendant la communauté : arg. de l'art. 1er de la loi du 14-19 juillet 1866 sur les droits des héritiers et des ayants cause des auteurs.

38. *Quid* des manuscrits, achevés ou non, mais non encore publiés au moment du mariage? Comparez la thèse de doctorat de M. Druelle sur la *Communauté réduite aux acquêts*, p. 105 et 106.

39. Observations diverses sur les droits éventuels de la communauté réduite aux acquêts sur le produit des œuvres créées par l'un des époux antérieurement au mariage, mais vendues depuis la célébration de l'union civile.

40. La communauté réduite aux acquêts est encore propriétaire des récompenses accordées à l'un des époux en rémunération de services par lui rendus : Colmar, 20 décembre 1832, Sirey, 33, 2, 186. — Applications de ce principe aux gratifications allouées par l'État, par des compagnies, ou par des particuliers à leurs employés. Voyez M. Druelle, *op. cit.*, p. 108.

41. *Quid* des offices ministériels, dont le mari serait titulaire? — Observons d'abord que le titre même de l'office, étant par sa nature hors du commerce, ne peut pas en lui-même tomber dans la société d'acquêts. Nous ne pourrons y faire tomber, dans les cas les plus favorables, que la valeur vénale de cet office, valeur vénale qui est l'équivalent

de la clientèle et du droit de présentation reconnu par la loi du 28 avril 1816. Or, à ce dernier point de vue, il y a plusieurs distinctions à faire.

41 bis. 1° Supposons que le mari *fût déjà titulaire de l'office*, notaire ou avoué, par exemple, *avant le mariage*. — Cet office lui restera propre à la fois quant au titre et quant à la valeur vénale : conformément aux principes généraux, la communauté réduite aux acquêts ne pourra prétendre qu'à l'attribution des bénéfices et émoluments produits par l'exploitation de l'office durant le mariage. — (Paris, 21 avril 1857, Dev., 57, 2, 249). Mais la communauté réduite aux acquêts aura-t-elle droit à l'augmentation de valeur que l'office a pu acquérir pendant le mariage ? Par exemple, l'office valait 100,000 francs au moment de la célébration de l'union civile ; il vaut 150,000 francs au moment de sa dissolution. — Controverse : Comp. Bordeaux, 29 août 1810 (Dev., 1811, 2, 142, et Bordeaux, 19 février 1856, Dev., 1856, 2, 271). Admettre que la communauté d'acquêts n'a pas droit à cette plus-value. Voy. MM Aubry et Rau, t. IV, § 522, texto et note 7 (nouv. édit., t. V, p. 440, § 522, texte et note 7).

41 ter. 2° Supposons maintenant que l'office ait été *acheté* par le mari pendant le mariage. — Pour la solution de cette question, il faut distinguer si le prix d'achat a été pris dans la caisse de la communauté d'acquêts, ou si l'office a, au contraire, été acquis en remploi de valeurs restées propres au mari. Dans le dernier cas, on appliquerait la règle : *subrogatum sapit naturam subrogati.*

41 quater. 3° Supposons enfin que l'office ait été *conféré gratuitement* au mari pendant le mariage. — Nous déciderons que la valeur vénale de cet office tombera dans la communauté réduite aux acquêts. — Démonstration. Voy. MM. Aubry et Rau, t. IV, § 522, texte et note 6 (nouv. édit., t. V, p. 448, § 522, texte et note 6).

42. *Quid des fonds de commerce.* — Ici encore de nombreuses distinctions doivent être faites :

1° L'époux était déjà commerçant avant le mariage : — le fonds de commerce lui restera propre, et la communauté d'acquêts n'aura droit qu'aux gains et revenus du commerce. — *Quid* des augmentations de valeur survenues pendant la communauté? Par exemple, le fonds de commerce valait 100,000 fr. au début de l'union civile; il en vaut 150,000 lors de sa dissolution. Même solution ici que pour les offices ministériels : la communauté réduite aux acquêts n'y aura pas droit; *accessorium sequitur sortem rei principalis.*

2° L'époux a acheté le fonds de commerce, ou il l'a créé par son activité et son industrie pendant le mariage : — Ce fonds de commerce tombera, même pour le capital, dans la communauté d'acquêts, et il devra être partagé, avec les autres valeurs du ménage, au moment de la dissolution de la communauté. Mais l'époux veuf pourrait évidemment créer un nouvel établissement.

3° L'époux marié sous le régime de la communauté réduite aux acquêts vend, durant le mariage, le fonds de commerce commun, et il s'engage, en outre, moyennant 100,000 fr., à ne pas créer un nouvel établissement dans la même ville. Cette somme de 100,000 fr. tombera-t-elle dans l'actif de la communauté d'acquêts? — Solution affirmative. Ce prix est l'équivalent de l'industrie de l'époux. Or, l'industrie, l'activité, l'économie des époux sont précisément la mise sociale dans ce régime.

43. L'art. 1404, al. 2, est-il applicable en matière de communauté d'acquêts?—Controverse sérieuse : exposition et discussion. Solution négative : Bordeaux, 24 août 1869 (D. P., 1871, 2, 22).

44. N° 3. — *Acquisitions faites à titre onéreux par les époux,* ensemble ou séparément, durant le mariage, à l'aide des économies réalisées, soit sur les fruits et revenus, soit sur les bénéfices de l'industrie et du travail. — Exposition et développement. Voy. MM. Rodière et Pont, t. II, n°⁵ 1255 et 1256; Douai, 2 avril 1846 (D. P., 1847, 2, 198); Cass., 16 novembre 1859 (D. P., 59, 1, 490); Douai, 15 juin 1861 (D. P., 62, 2, 100); Cass., 26 juillet 1869, (D. P., 1869, 1, 455).

45. N° 4. — *Bénéfices exceptionnels, provenant à l'un ou à l'autre des époux à l'occasion d'un fait extérieur, d'un risque couru,* d'un accident, etc.

46. *Quid* du trésor trouvé par l'un des époux sur son

immeuble propre? — Controverse. — J'exclus cette acquisition de la communauté d'acquêts : en effet, l'art. 1498
n'attribue à cette communauté que les biens provenant de
l'industrie ou de l'économie des époux; or, l'invention d'un
trésor ne rentre dans aucune de ces deux causes; c'est un
don du hasard : la cause déterminante de l'acquisition ne
réside pas dans le travail direct de l'époux, mais dans une
occupation simple due à une heureuse chance. Donc, etc.
Comp. les art. 716 et 1401.

47. *Quid* des gains faits dans une loterie? — *Quid* des
gains faits au jeu? — *Quid* des bénéfices réalisés dans des
spéculations faites sur des marchandises à cours variables
ou sur des valeurs de bourse? — *Quid*, enfin des bénéfices
réalisés dans des opérations illicites et aléatoires, telles que
la contrebande? — Dans tous ces cas, j'applique l'art. 1498,
et je fais entrer les bénéfices résultant des opérations sus-
énoncées dans la communauté réduite aux acquêts, pourvu,
bien entendu, que l'acte ait été fait pendant la communauté et avec l'argent de la communauté. Démonstration : il y a toujours là un certain calcul, une certaine industrie de l'époux; de plus, l'argent, cause du bénéfice,
ayant été pris dans la caisse commune, la communauté
doit encaisser les bénéfices comme l'équivalent du risque
couru.

48. *Quid* de l'indemnité accordée par les tribunaux à la
victime d'un accident, par exemple, d'un accident de che-
min de fer, par application des art. 1382 et suivants du Code
civil? — Examinez la question dans la double hypothèse
où la victime de l'accident aurait succombé par suite de
ses blessures, et où elle n'aurait, au contraire, éprouvé
qu'une incapacité de travail plus ou moins prolongée. Nous
déciderons, dans les deux cas, que la communauté a droit à
la somme allouée : 1° arg. de l'art. 1498, al. 2 : le travail
et l'industrie de l'époux étaient dans l'actif social; or, la
somme allouée représente précisément l'amoindrissement
ou la suppression de ce capital commun; donc, etc. —
2° arg. de l'intérêt pratique du conjoint. Développement et
discussion de la controverse.

48 *bis. Quid*, si l'indemnité était payée par une compagnie d'assurance contre les accidents, les primes ayant été

retenues sur le travail quotidien de la victime de l'accident? — Nous ferions tomber la somme allouée dans la communauté d'acquêts. Arg. *à fortiori* de la solution précédente.

49. *Quid* de l'indemnité due par une compagnie d'assurances à la suite d'un sinistre ayant consumé des biens mobiliers ou immobiliers propres à l'un des conjoints? — L'indemnité restera propre à l'époux : *subrogatum sapit naturam subrogati.*

50. *Quid* des indemnités payées par une compagnie d'assurances sur la vie humaine? — Nous distinguerons quatre hypothèses :

1° L'époux s'est assuré avant le mariage, et au moment de l'échéance, le mariage est *déjà dissous.* — Nous écarterons toute attribution à la communauté d'acquêts. Peu importe que cette communauté ait payé un nombre plus ou moins grand de primes.

2° L'époux s'est assuré encore avant le mariage, mais l'échéance arrive *pendant* le mariage. — Ici, la communauté d'acquêts aura les *intérêts et revenus* de la somme allouée.

3° L'époux s'est assuré pendant le mariage, et l'échéance n'arrive qu'après l'union une fois dissoute. — La communauté d'acquêts n'aura droit à rien : tout au plus pourrait-elle prétendre à une indemnité pour les primes qu'elle a payées, et ce dernier point même est fort douteux. Développement.

4° L'époux s'est assuré pendant le mariage, et l'échéance de l'assurance se produit pendant le mariage. — Ici la communauté aura droit au capital alloué : arg. de l'art. 1498, al. 2. — Comp. Paris, 8 avril 1867 (Dev., 07, 2, 240).

51. *Quid* dans l'hypothèse suivante : l'un des époux est propriétaire d'obligations qu'il s'est réservées propres ; l'une de ses obligations sort à un tirage et obtient une prime de 150,000 fr. : la communauté d'acquêts encaissera-t-elle cette somme? Solution négative : *accessorium sequitur sortem rei principalis.* Démonstration. Comp. M. Druelle, *op. cit.,* pag. 112 et 113.

52. En résumé l'on voit qu'il faut entendre par acquêts,

tout ce que, pendant la durée de la communauté, les
époux acquièrent *ensemble ou séparément à titre onéreux*,
et tout ce qui, pendant le même intervalle de temps, provient de leur industrie, c'est-à-dire tous les gains et
profits que l'un ou l'autre des conjoints retire de l'exercice
de ses talents, capacités, ou aptitudes quelconques : art. 1498 ;
comp. MM. Aubry et Rau, t. IV, § 522, texte et note 3
(nouv. édit., t. V, p. 419, § 522, texte et note 3).

53. N° 5. Il nous est donc facile maintenant de préciser
quels sont les biens, fort nombreux *qui restent propres à
chacun des époux* mariés *sous* le régime de la *communauté*
réduite aux *acquêts*. — Nous allons rencontrer ici d'une
part des règles exceptionnelles et spéciales à la communauté
réduite aux acquêts et d'autre part des règles communes à
la fois à ce régime particulier et au régime ordinaire de la
communauté légale.

54. Nous allons étudier d'abord les règles exceptionnelles et spéciales à la communauté réduite aux acquêts :
elles peuvent être ramenées à trois principales :

1° La communauté réduite aux acquêts ne comprend pas
le mobilier, ni à plus forte raison les immeubles que les
époux possédaient au jour de la célébration de l'union
civile : *secùs*, art. 1401, al. 1er.

55. 2° Elle ne comprend pas le mobilier qui échoit
aux époux durant le mariage à titre gratuit, par succession ou donation : *secùs*, art. 1401, al. 1, *in fine*.

56. 3° Elle ne comprend pas non plus les purs dons du
hasard ou les gains de la fortune, par exemple, la moitié du
trésor attribué (art. 716), *jure inventionis*, à l'époux qui l'a
découvert, *secùs*, sauf controverse, art. 1401, n° 1.

57. Nous réservons, bien entendu, la question de preuve,
réglée par l'art. 1490, et qui formera l'objet de notre
6e section.

58. Jusqu'ici nous avons constaté des différences avec la
communauté légale ordinaire. Mais, de plus, comme sous
cette dernière, il faut reconnaître encore l'existence de sept
classes de propres immobiliers :

1° Les immeubles que les époux *possédaient au jour de
la célébration* du mariage (art. 1402 et 1401, n° 1) ;

2° Les immeubles qu'ils acquièrent durant le mariage par *succession* (art. 1404, al. 1, *in fine*);

3° Les immeubles qui leur échoient par donation ou par testament (art. 1405);

4° Art. 1406. Dation en payement par un ascendant, ou cession à charge de payer les dettes de cet ascendant;

5° Art. 1407. Subrogation par voie d'échange;

6° Art. 1434 et 1435. Remploi;

7° Art. 1408, pour l'hypothèse de la réunion à un propre d'une portion indivise du même fonds : comp. Riom, 15 novembre 1869 (D. P., 1869, 2, 231).

59. Sur ce dernier point, c'est-à-dire à propos du retrait d'indivision établi par l'art. 1408, une question peut être soulevée : faut-il généraliser, sous le régime de la communauté réduite aux acquêts, le retrait d'indivision et l'appliquer à l'acquisition de la portion d'un meuble dont l'un des époux était propriétaire par indivis, et notamment à l'acquisition de parts indivises d'une succession mobilière, si l'époux cohéritier ne pouvait plus exercer le retrait successoral. — Construire une hypothèse. — Dans le sens de l'extension de l'art. 1408 en matière mobilière, à raison des effets particuliers du régime de communauté réduite aux acquêts, on invoque deux arguments principaux : 1° l'art. 1408 repose, d'une part, sur le principe de l'art. 883, et, d'autre part, sur cette idée que c'est la propriété antérieure de l'époux qui est la cause de l'acquisition réalisée : donc, il est juste qu'elle s'y réunisse également avec la qualité de propre; 2° sans doute, l'art. 1408 ne parle expressément que des immeubles : mais cela tient précisément à ce que sous la communauté légale ordinaire il ne peut guère être question de propres mobiliers, en présence de l'art. 1401, n° 1 : or, tout au contraire, sous le régime de la communauté réduite aux acquêts, les meubles sont mis sur la même ligne que les immeubles : donc l'art. 1408 doit alors être généralisé.

59 *bis*. Nous croyons, au contraire, que, si l'art. 1408 peut être en matière immobilière appliqué sous le régime de la communauté réduite aux acquêts, il est du moins impossible de le généraliser pour l'appliquer en matière de meubles :

1° L'art. 1408 consacre un privilége exceptionnel et une expropriation dangereuse, absolument contraire aux principes posés par les art. 544 et 545 : or, *privilegia non sunt extendenda*; donc, etc.

2° Sous le régime de la communauté légale ordinaire, la volonté de l'homme peut déroger à l'art. 1401, al. 1, en créant des propres même mobiliers d'une sérieuse importance : or, il est certain, dans ce cas, que l'on ne pourrait pas généraliser l'art. 1408, pour l'appliquer en matière de meubles; donc, etc. Comp. MM. Rodière et Pont, t. II, n° 1258.

60. La distinction des propres mobiliers en propres mobiliers parfaits et en propres mobiliers imparfaits nous paraît s'appliquer, sous le régime de la communauté réduite aux acquêts, comme sous la communauté légale ordinaire, avec la réserve, bien entendu, de la question de preuve, telle qu'elle est réglée par l'art. 1499. Comp. l'art. 1402. Voy. MM. Aubry et Rau, t. IV, § 522, n° 5, texte et notes 23 à 30 (nouv. édit., t. V, p. 455, § 522, texte 5°, notes 26 à 33).

§ 2.

Éléments passifs de la communauté réduite aux acquêts.

61. Texte de l'art. 1498, al. 1. — Une corrélation intime existe, d'après cet article, entre la composition active et la composition passive de la communauté.

62. Nous reproduirons, du reste, ici, les quatre observations générales qui dominent la réglementation du passif sous le régime de la communauté légale ordinaire :

1° Le passif se divise encore en trois parties : — le *passif définitif* que la communauté d'acquêts paie irrévocablement et sans récompense; — le *passif provisoire*, dont l'actif social ne fait que supporter l'avance; — enfin un *passif étranger à la communauté*, et dont celle-ci ne supporte ni le poids définitif, ni même l'avance;

2° Il faut distinguer avec soin les créanciers du mari et les créanciers de la femme : — les premiers peuvent toujours se faire payer sur les biens communs, tandis que les seconds ne peuvent en général attaquer que les propres de la femme (nue propriété);

3° La communauté, dans tous les cas, doit payer suivant la mesure de son enrichissement, par application de l'action *de in rem verso;*

4° Les créanciers personnels de chaque époux peuvent toujours le poursuivre sur ses biens propres, à la condition de respecter les droits de son conjoint, lorsqu'ils sont préférables aux leurs.

63. Ces principes posés, nous rechercherons successivement : 1° quelles dettes sont à la charge définitive de la communauté réduite aux acquêts; 2° quelles dettes cette communauté paie à charge de récompense; 3° comment se règle le droit de poursuite des créanciers sociaux.

64. N° 1. — *Quelles sont les dettes que la communauté réduite aux acquêts doit payer définitivement et sans récompense?*

65. Un premier principe certain, c'est que la communauté, même réduite aux acquêts, doit payer toutes les charges périodiques qui correspondent aux revenus qu'elle perçoit. — Appliquez donc l'art. 1409, n°° 3, 4 et 5. — Explication et développement.

66. A l'inverse, la réduction de la communauté aux acquêts a pour conséquence nécessaire d'exclure du passif les dettes, même purement mobilières, de l'un ou de l'autre des époux, au jour de la célébration du mariage, et toutes celles qui grèvent les successions ou donations qui leur échoient pendant le mariage. Art. 1498, al. 1, et arg. de cet article. *Secùs,* pour la communauté légale ordinaire, art. 1409, al. 1. Démonstration. Voy. MM. Aubry et Rau, t. IV, § 522, n° 3, texte et note 20, (nouv. édit., t. V, p. 453, texte 3°, note 22).

67. Mais les dettes contractées durant la communauté, soit par le mari, soit par la femme avec l'autorisation du mari, ou même avec la simple autorisation de la justice dans les hypothèses prévues par l'art. 1427, tombent dans le passif de la communauté, sauf récompense quant à celles qui auraient été faites dans l'intérêt personnel de l'un des

époux. Nous appliquons donc à la communauté réduite aux acquêts l'art. 1409, al. 2.

68. Résumé et conclusion : l'art. 1409, al. 1, doit être écarté de notre matière : mais les numéros 2, 3, 4 et 5 de cet article doivent être étendus à la communauté d'acquêts.

69. N° 2. — *Pour quelles dettes les époux devront-ils récompense à la communauté ?*

70. C'est ici que nous allons rencontrer, entre la communauté légale ordinaire et la communauté réduite aux acquêts, des différences marquées.

71. Sous la communauté légale, une récompense peut être due par l'un ou l'autre des époux, à la caisse sociale qui a joué le rôle d'un prêteur de deniers, dans trois cas (art. 1437 et suiv.) :

1° La société a droit à une récompense, lorsqu'elle a payé des dettes relatives aux immeubles que l'un des époux possédait antérieurement au mariage;

2° Elle peut encore exiger le remboursement des sommes prises sur son actif lorsque ses deniers ont payé les dettes d'une succession *immobilière* en tout ou pour partie, échue pendant le mariage à l'un des deux conjoints;

3° Enfin il y a lieu à récompense toutes les fois que les deniers communs ont été employés au profit particulier et personnel de l'un des époux; tel serait le cas où le mari aurait doté un enfant du premier lit (art. 1437 et 1438).

72. Sous la communauté d'acquêts la récompense sera également due dans ces trois cas; mais les deux premières divisions vont être singulièrement élargies :

1° D'après les traditions de l'ancien droit, la convention de réduction aux acquêts fait exclure de la communauté tout le mobilier actif et passif des époux, existant lors de la célébration du mariage. Toutes les fois, par suite, que la communauté aura payé des dettes antérieures au moment où elle a pris naissance, l'époux personnellement débiteur, devra lui en tenir compte, sans distinction ici entre les dettes *mobilières* et les dettes *immobilières;*

2° Les dettes grevant le mobilier arrivé aux époux pendant le mariage sont également exclues de la communauté; si cette exclusion ne les fait pas sortir du passif provisoire, au moins a-t-elle pour résultat de les rejeter en dehors du passif définitif. Récompense sera donc encore due à la communauté lorsqu'elle aura soldé quelqu'une des charges grevant le mobilier advenu, *constante matrimonio*, soit à la femme, soit au mari. Comp. art. 1498, 1409, al. 1, et 1437.

3° La troisième division reste la même sous la communauté réduite aux acquêts que sous la communauté légale ordinaire (Voir ci-dessus, n° 71 *in fine*).

73. Nous retrouverons, du reste, ces éléments de comparaison dans notre section huitième, consacrée à l'esquisse d'un parallèle final entre la communauté réduite aux acquêts et la communauté légale ordinaire.

74. N° 3. — *Comment se règle le droit de poursuite des créanciers sociaux?*

75. Renvoi au droit commun pour le cas où les créanciers sociaux auraient des privilèges, des hypothèques, des nantissements, le bénéfice de la séparation des patrimoines, etc.

76. Nous n'entendons nous occuper ici que des règles spéciales au régime de la communauté réduite aux acquêts. Or, en ce qui concerne le droit de poursuite des créanciers respectifs des époux sur les biens de la communauté réduite aux acquêts, il faut distinguer entre les créanciers du mari et ceux de la femme. Exposition et développement. Voy. MM. Aubry et Rau, t. IV, § 522, p. 380 et 381, texte et note 22 (nouv. édit., t. V, p. 454, texte et note 24).

SECTION QUATRIÈME.

Règles concernant l'administration de la communauté réduite aux acquêts : — situation respective des époux, sous l'empire de ce régime, et pendant sa durée.

77. Nous nous placerons successivement au point de vue des biens composant la communauté réduite aux acquêts, et au point de vue des biens restés propres, soit à l'un, soit à l'autre des époux, biens immeubles ou biens meubles.

78. A. — Quant aux biens *qui composent la communauté* réduite aux acquêts, les règles à appliquer sont exactement les mêmes que celles posées par les art. 1410, 1420, 1421 à 1427, 1431 à 1433, et 1434 à 1440, en matière de

communauté légale ordinaire. Comp. MM. Aubry et Rau, § 522, texte n° 4 (nouv. édit., t. V, p. 455, § 522, texte n° 4).

70. *B*. — Quant aux *biens propres*, nous distinguerons d'une part les propres du mari, et d'autre part les propres de la femme.

80. Les biens propres *du mari*, meubles ou immeubles, peuvent être par lui administrés et même aliénés, en vertu des droits souverains qui appartiennent, d'après l'art. 544, à tout propriétaire.

81. Les biens propres *de la femme* sont administrés par le mari, sous le régime de la communauté réduite aux acquêts (art. 1498 et 1499), comme sous le régime de la communauté légale ordinaire. Toutefois il importe de préciser séparément les règles applicables aux immeubles et les règles applicables aux valeurs mobilières.

82. Quant aux *immeubles* propres de la femme, il faut appliquer, sous le régime de la communauté réduite aux acquêts, les art. 1428, 1429 et suivants. — Toutes les questions pratiques doivent être exactement résolues à l'aide des principes établis pour la communauté légale ordinaire.

83. Mais il convient, en ce qui concerne les *meubles*, corporels ou incorporels, restés propres à la femme, de faire quelques observations spéciales au régime de la communauté réduite aux acquêts.

84. Il résulte des art. 1498 et 1499 combinés avec l'art. 1401, n° 1, que la femme, sous ce régime restreint, conserve habituellement la propriété de tout le mobilier qu'elle possède au jour du mariage, ou qui lui échoit, par la suite, à titre gratuit.

85. De là, deux conséquences importantes :

1° La femme profite seule de l'augmentation de valeur que les objets mobiliers à elle appartenant peuvent recevoir, et demeure, d'un autre côté, chargée des risques de perte ou de dépréciation auxquels ils sont soumis;

2° La femme, dont le mobilier aurait été frappé de saisie par les créanciers du mari ou par ceux de la communauté, est autorisée à en exercer la revendication, pourvu qu'elle puisse justifier de la propriété du mobilier revendiqué par un inventaire ou état authentique, suivant les distinctions indiquées en l'art. 1510. La femme exercera alors la revendication conformément à l'art. 608 du Code de procédure civile. Voy. MM. Aubry et Rau, § 522, texte n° 5, notes 23 à 26 (nouv. édit., t. V, p. 455, § 522, texte n° 5, notes 26 à 29). Comp. MM. Rodière et Pont, t. II, n° 1276.

86. Nous signalerons toutefois trois exceptions certaines au principe suivant lequel chacun des époux conserve la propriété distincte et séparée de son mobilier (possédé au jour du mariage, ou échu par succession ou donation durant le mariage) :

La première exception se réfère aux objets qui se consomment par le premier usage ;

La deuxième a trait à ceux qui par leur nature sont destinés à être vendus, par exemple, les objets composant un fonds de commerce ;

La troisième exception concerne les objets livrés au mari sur estimation, sans qu'il ait été déclaré que cette estimation ne vaudrait pas vente : arg. de l'art. 1551. Voy. MM. Aubry et Rau, § 522, texte n° 5, notes 27 et 28 (nouv. édit., pages 457 et 458, texte n° 5, notes 31 et 32) ; comp. MM. Rodière et Pont, t. II, n° 1277 et 1278.

87. Examen d'une question intéressante résolue par un arrêt de la Cour de cassation du 21 juin 1870 (Dev., 1871, 1,49 à 51).

88. Tout le monde admet que le mari, sous le régime de la communauté réduite aux acquêts, comme sous le régime de la communauté légale ordinaire, est l'administrateur de toute la fortune propre de sa femme.

89. Dès lors, pour nous restreindre aux *meubles*, qui forment actuellement l'objet de notre examen spécial, nul doute que le mari ne puisse toucher les capitaux et recevoir le paiement des créances personnelles de sa femme : arg. des art. 1528 et 1428, al. 1 et 2 (D. p. 1868-1 et 2-49 à 52).

90. Mais le mari peut-il valablement, comme chef de la communauté réduite aux acquêts, aliéner seul, à titre onéreux, les meubles corporels, ou céder, par voie de transport, les meubles incorporels de sa femme? — MM. Aubry et Rau, § 522, texte et note 29, (nouv. édit., note 33, p. 458), se prononcent dans le sens de l'affirmative. Voy.

aussi la L. 7, § 2 *in fine*, ff. *de jure deliberandi*, liv. XXVIII,
tit. VIII. — Nous préférons, pour notre part, la doctrine
qui refuse au mari le droit d'aliéner seul les meubles personnels et propres, soit corporels, soit surtout incorporels,
de sa femme. — Démonstration. Voy. MM. Rodière et
Pont, t. II, n° 1279 ; Cass. 4 août 1862 (D. P., 62, 1, 480);
Paris, 21 février 1868 (D. P., 1868, 2, 49 à 52). — Exposition
des conséquences pratiques de notre théorie, soit au point
de vue des rapports respectifs des époux entre eux, soit au
respect des tiers, en présence de la disposition contenue
dans l'art. 2279 du Code civil.

SECTION CINQUIÈME.

*Comment la communauté réduite aux acquêts peut-elle se
dissoudre, et quelle est, lors de cette dissolution, la position de chacun des époux? — Suites de l'acceptation
ou de la renonciation de la femme.*

91. Quelles sont d'abord les causes de dissolution de la
communauté réduite aux acquêts? — La communauté réduite aux acquêts prend fin par les causes mêmes qui amè-
nent la dissolution de la communauté légale ordinaire. Il
faut donc appliquer ici les art. 1441, 1442 et suiv. Voy.
MM. Rodière et Pont. t. II, n°ˢ 1280 et 1281.

92. La femme peut, comme sous le régime de la communauté légale et sous les mêmes conditions, exercer un droit
d'option aboutissant, soit à l'acceptation de la communauté
réduite aux acquêts, soit à la répudiation de cette communauté : appliquez donc les art. 1453, 1456, 1457, 1459 et
suivants.

93. *En cas d'acceptation*, l'actif de la communauté se
partage par moitié entre les deux époux, art. 1474. Les
rapports, les prélèvements, et plus généralement les opérations préliminaires du partage s'effectuent conformément
aux art. 1468, 1469, 1470 et suiv.

94. On a toutefois demandé, à propos des prélèvements,
si les époux peuvent exiger la restitution *en nature* de leur
mobilier présent et futur, lequel n'est pas entré dans
l'actif de l'actif de la communauté réduite aux acquêts,

ou si, au contraire, la communauté ne leur doit que la restitution de la valeur de ce mobilier, ou la restitution par voie d'équivalent. — Controverse. — Pothier, *Traité de la communauté*, n° 325. — Adoption de la théorie d'après laquelle les époux ont le droit de prélever en nature, et comme propriétaires, leur propre mobilier parfait. — Démonstration. — Ce principe, que chacun des époux conserve la propriété entière de son mobilier, avec le droit de reprendre ce mobilier en nature à l'époque de la dissolution de la communauté d'acquêt, souffre toutefois une quadruple exception : 1° En ce qui concerne les objets qui se consomment par le premier usage ; 2° quant aux objets qui, par leur nature, sont destinés à être vendus, comme les meubles faisant partie d'une exploitation commerciale ; 3° en ce qui touche les objets qui auraient été livrés au mari sur estimation, sans déclaration que cette estimation ne vaut pas vente : arg. de l'art. 1551. Exposition et développement ; 4° lorsque l'époux s'étant réservé et possédant des propres mobiliers parfaits, a consenti, au cours du mariage, à leur conversion en argent (art. 1131).

95. Le droit de poursuite des créanciers et la contribution aux dettes, dans les rapports respectifs des époux, trouvent encore ici leur règlement dans l'organisation appliquée à la communauté légale ordinaire par les art. 1482 à 1491. — Nous devons seulement signaler, sur ce point, une particularité spéciale à la communauté réduite aux acquêts : la femme, disent MM. Aubry et Rau, t. IV, § 522, n° 6, texte et note 31 (nouv. édit., t. V, p. 400, § 522, texte 6°, note 35), « ne peut être poursuivie, même sur son émolument, pour la moitié des dettes personnelles du mari, lorsque la consistance du mobilier de celui-ci a été dûment constatée. » Comp. les art. 1468, 1502, 1503, 1504 et 1510, al. 2 et 3. Aj. MM. Rodière et Pont, t. II, n° 1286.

96. *En cas de renonciation*, la femme reprend *en nature* ses immeubles d'abord, et ensuite tout le mobilier qui lui est resté propre. Appliquez, du reste, les art. 1492 à 1495. — Exposition et développement. Voy. MM. Rodière et Pont, t. II, n° 1282 ; aj. MM. Aubry et Rau, t. IV, § 522, n° 6, *in fine*.

SECTION SIXIÈME.

Quelles sont les formalités particulières exigées par l'art. 1499 pour la constatation du mobilier appartenant en propre à l'un ou à l'autre des époux?

97. Comme dans la communauté légale, tout bien est réputé acquêt, jusqu'à preuve du contraire, sous l'empire de la communauté restreinte des art. 1498 et 1499. — Renvoi à l'art. 1402 en ce qui concerne les *immeubles*. Comp. l'art. 1498, al. 2, 1re phrase. — Exposition et développement : voy. MM. Rodière et Pont, t. II, n° 1263.

98. Quant à la preuve de la *consistance du mobilier*, l'art. 1499 pose le principe suivant : « Si le mobilier existant lors du mariage, ou échu depuis, n'a pas été constaté par un inventaire ou état en bonne forme, il est réputé acquêt. » — Exposition et développement : voy. MM. Rodière et Pont, t. II, n°s 1264 à 1275; aj. Agen, 2 juillet 1869) D. P., 1870, 2, 185 et 186). Comp. MM. Aubry et Rau, t. IV, § 522, texte et notes 12 à 18 (nouv. édit., t. V, p. 450, § 522, texte 2°, notes 12 à 18).

SECTION SEPTIÈME.

Quelles sont les modifications qui peuvent être apportées au régime de la communauté réduite aux acquêts, tel qu'il a été organisé par le Code civil?

99. Les époux peuvent, en stipulant une communauté réduite aux acquêts, la modifier par toutes sortes de conventions, pourvu que ces conventions ne contiennent rien de contraire ni à l'ordre public, ni aux bonnes mœurs. Comparez, au surplus, les art. 1387 à 1392.

100. Les époux sont dès lors autorisés à faire entrer dans l'actif de la communauté, bien que réduite aux acquêts, quelques-uns de leurs immeubles ou de leurs meubles.

101. Ils peuvent également convenir que l'actif de la communauté se partagera entre eux par portions inégales, ou même qu'il appartiendra, en totalité, au survivant.

102. Mais il y a controverse sur la question de savoir s'il est permis aux futurs conjoints de stipuler que leur communauté sera réduite, soit aux acquêts mobiliers, soit aux acquêts immobiliers seulement. — Exposition des différents systèmes proposés. — Adoption de la doctrine affirmative. Voy. Rouen, 22 juillet 1850 (Dev., 1851, 2, 388 à 391, avec la note).

103. Puisque nous admettons qu'il est permis aux époux de stipuler que leur communauté sera réduite, soit aux acquêts mobiliers, soit aux acquêts immobiliers, nous devons préciser la nature des rapports qu'une semblable clause pourrait créer entre les époux; il nous faut, en particulier, déterminer comment et par qui les dettes de la communauté seront acquittées. — Exposition et développement. Adoption de la doctrine suivant laquelle la *totalité* (1) des dettes communes doit, en tout cas, être supportée par la société d'acquêts : Caen, 12 novembre 1853, Dev., 1854, 2, 390; aj. MM. Aubry et Rau, t. IV, § 522, n° 7, texte et notes 32 à 35 (nouv. édit., t. V, p. 461, § 522, texte 7°, notes 36 à 39). Comp. M. Troplong, *Traité du contrat de mariage*, n° 1908.

104. Les époux pourraient-ils, en adoptant comme base de leur union le régime de la communauté réduite aux acquêts, affecter et réserver les acquêts aux enfants à naître du mariage? — Controverse. Dans le sens de l'affirmative, voy. M. Pont, t. II, n° 1220; aj. M. Troplong, *Contrat de mariage*, t. III, n°s 1858 à 1800. Nous pensons au contraire qu'une semblable clause serait aujourd'hui radicalement nulle. Démonstration : art. 1081, 1082 et 906 combinés.

---

(1) Du moment où les conjoints mettent en communauté leur collaboration, leur activité et leur industrie soit collectives, soit individuelles, les dettes, résultat de leur activité (activité qui constitue la mise sociale), doivent être supportées en entier par la société; or, précisément, dans notre espèce, l'industrie des époux est mise en commun (art. 1498); et comme le représentant de l'association est toujours le mari, toutes les dettes qui sont la suite de son administration doivent être payées par l'actif commun, c'est-à-dire, suivant la nature de la stipulation intervenue à l'origine, tantôt par les seuls acquêts mobiliers, tantôt au contraire par les seuls acquêts immobiliers.

SECTION HUITIÈME.

*Parallèle final entre la communauté réduite aux acquêts et
la communauté légale ordinaire.*

105. Nous terminerons cette partie du sujet par le parallèle sommaire de la communauté réduite aux acquêts et
de communauté légale ordinaire, en ne prenant que les
différences fondamentales et saillantes : *sept* différences
principales doivent être signalées :

1° La communauté réduite aux acquêts est un régime
d'exception, lequel ne peut résulter que d'une convention
claire et non équivoque des futurs conjoints ; la communauté légale ordinaire est, au contraire, le régime du droit
commun, même en cas de silence des parties, même en
cas de volonté contraire formellement exprimée, mais dans
un contrat nul.

2° Au point de vue de la composition de l'actif, la communauté réduite aux acquêts ne comprend ni le mobilier
possédé par les époux au jour de la célébration de leur mariage, ni le mobilier qui leur advient ensuite à titre gratuit,
par voie de succession ou de donation. *Secùs*, art. 1401,
n° 1, pour la communauté légale ordinaire.

3° Au point de vue de la composition du passif, la communauté réduite aux acquêts ne comprend pas les dettes
même purement mobilières de l'un ou de l'autre des
époux au jour de la célébration du mariage, ni les dettes
grevant les successions ou les donations qui échoient aux
époux pendant le mariage : art. 1498, al. 1. — *Secùs*,
art. 1409, al. 1, pour la communauté légale ordinaire.

4° Au point de vue des récompenses, la communauté légale a droit à une indemnité (art. 1437), lorsqu'elle a payé
des dettes relatives aux *immeubles* que l'un des époux possédait antérieurement au mariage : comp. l'art. 1402. —
La communauté réduite aux acquêts a, *en outre*, droit à
une indemnité, toutes les fois qu'elle a payé une dette,
même mobilière, des époux, antérieure au mariage : arg.
de l'art. 1498, al. 1, *in fine*. En un mot, toutes les fois

que la communauté réduite aux acquêts paie des dettes quelconques contractées par les époux antérieurement au mariage, elle a droit à une récompense contre le conjoint dont elle a, en définitive, utilement géré l'affaire, en payant une dette qui lui était restée éminemment personnelle.

5° Au point de vue encore des récompenses, la communauté légale ordinaire peut exiger (art. 1437) le remboursement des sommes prises sur son actif, lorsque ses deniers ont payé les dettes d'une *succession immobilière*, en tout ou pour partie, échue pendant le mariage à l'un des conjoints. — La communauté réduite aux acquêts a droit en outre à une récompense, toutes les fois qu'elle a soldé quelqu'une des charges grevant, même le *mobilier* advenu, durant le mariage, soit à la femme, soit au mari : arg. de l'art. 1498, al. 1.

6° Au point de vue de l'exercice de leur droit de poursuite, les créanciers de la femme mariée sous le régime de la communauté réduite aux acquêts ne sont pas autorisés à agir sur les biens communs, toutes les fois que le mobilier par elle apporté ou à elle échu a été constaté régulièrement par un inventaire ou un état authentique. Les créanciers de la femme doivent alors limiter leur poursuite au mobilier inventorié et aux autres biens restés propres à la femme : voy. l'art. 1510, al. 2 et 3. — *Secùs*, en cas de communauté légale, art. 1410 et 1409, al. 1, combinés.

7° Au point de vue des pouvoirs administratifs et de disposition conférés au mari, les art. 1421, 1422 et 1428 combinés, lui permettent d'aliéner le mobilier de sa femme, à titre onéreux. — Sous le régime de la communauté réduite aux acquêts, nous croyons au contraire, sauf controverse, que le mari ne peut pas valablement aliéner à titre onéreux, du moins seul et sans l'intervention de sa femme, les meubles, soit corporels, soit incorporels, appartenant à cette dernière. Voyez *suprà*, n° 90.

APPENDICE.

De la société d'acquêts jointe au régime dotal.

106. Texte de l'art. 1581. — L'explication de cette partie du sujet trouvera sa place naturelle après l'étude des prin-

cipes du régime dotal. — Voyez les développements fournis
par nous au début de cette brochure, sur les clauses de
remploi et sur la société d'acquêts en matière de régime
dotal.

CHAPITRE DEUXIÈME.

DE LA CLAUSE QUI EXCLUT DE LA COMMUNAUTÉ LE MOBILIER EN TOUT OU EN PARTIE.

107. Utilité pratique de cette clause. — Exemples divers.

108. Exposition des différentes dénominations sous
lesquelles cette clause se présente dans la plupart des contrats de mariage.

109. D'après les art. 1500 à 1504, la convention qui exclut le mobilier en tout ou en partie peut revêtir trois formes différentes qu'il importe de soigneusement distinguer,
à raison de la diversité des résultats juridiques : il y a :

1° La clause de réalisation ou d'immobilisation expresse
ou tacite : exemples. Comp. art. 1500.

2° La clause d'emploi. — Applications pratiques.

3° La déclaration ou clause d'apport. — Exposition. —
Comp. Cass., 6 décembre 1842 (Dev., 1843, 1, 347); Bordeaux, 6 mai 1848 (Dev., 1840, 2, 609) ; Cass., 9 décembre 1846 (Dev., 1857, 1, 367).

110. Division du sujet en trois sections : 1° de la clause
de réalisation proprement dite ; 2° de la clause d'emploi ;
3° de la clause d'apport. Voy. MM. Rodière et Pont, t. II,
nºˢ 1287 et suivants; comp. MM. Aubry et Rau, § 523,
texte et note 1 (nouv. édit., t. V, p. 462, § 523, texte et
note 1).

SECTION PREMIÈRE.

De la clause de réalisation proprement dite.

111. Origine historique des clauses de réalisation : leur portée sous l'empire de la coutume de Paris.

112. La clause de réalisation est expresse ou tacite.

113. Elle est *tacite*, lorsque l'un des époux ou quelqu'un pour lui promet d'apporter à la communauté une somme déterminée ou des objets spécialement indiqués. La limitation ainsi faite, entraîne par elle-même la réalisation du surplus du mobilier présent : voy. Pothier, *Traité de la communauté*, n° 317 ; MM. Rodière et Pont, n° 1290 à 1292.

114. La stipulation de propres ou clause de réalisation est expresse, lorsque les parties s'en expliquent directement et formellement dans leur contrat de mariage. — Texte de l'art. 1500 al. 1. — Exposition et développement.

115. Il n'est pas nécessaire que la réalisation soit bilatérale, ni qu'elle ait lieu dans la même proportion pour les deux époux. — Voy. MM. Rodière et Pont, n° 1295 et 1296 ; MM. Aubry et Rau, § 523, texte et notes 2 à 4, (nouv. édit., t. V, p. 462, § 523, texte et notes 2 à 4).

116. En règle générale, toute clause de réalisation doit, comme tendant à modifier le régime de la communauté légale, être interprétée restrictivement, en ce qui concerne les objets auxquels elle s'applique. — Comment l'immobilisation doit être entendue, lorsqu'elle porte sur le mobilier *présent* ; comment elle doit l'être lorsqu'elle porte sur le mobilier *futur* ; — elle équivaut à la stipulation expresse de communauté réduite aux acquêts, lorsqu'elle porte en même temps sur le *mobilier présent et futur*.

117. *Quid*, dans ce dernier cas, au point de vue du règlement du passif ? — Exposition et développement de la doctrine suivant laquelle les principes de la communauté réduite aux acquêts doivent être appliqués, même en ce qui concerne les *dettes mobilières*, dans le cas où la clause de réalisation, absolue et universelle dans sa portée, vise à la fois l'actif mobilier présent et l'actif mobilier futur de l'un ou de l'autre des époux : par conséquent, les dettes mobilières sont exclues alors virtuellement de la communauté ainsi modifiée, sans qu'il soit besoin d'une convention spéciale et expresse à cet égard. — Démonstration et conclusion. — Application de ces principes au cas de réalisation partielle. — Voy. MM. Rodière et Pont, nᵒˢ 1297 à 1304 ; Pothier, *Traité de la communauté*, nᵒˢ 352 et 411.

118. La clause de réalisation, devant toujours être interprétée dans un sens restrictif, ne peut pas être étendue aux objets qui n'y sont pas manifestement compris, ni être appliquée d'un cas à un autre, par voie d'analogie. — *Quid* au point de vue des fruits et revenus provenant des biens restés propres en vertu de la convention des époux ? — Voy. MM. Rodière et Pont, nᵒˢ 1306 à 1309.

119. Effets de la clause de réalisation qui porterait seulement sur un ou plusieurs objets, soit corporels, soit incorporels, spécialement et individuellement désignés. — Explication : Voy. MM. Aubry et Rau, § 523, texte et note 8, (nouv. édit., t. V, p. 464, § 523, texte et note 8).

120. La clause de réalisation, soit expresse, soit virtuelle ou tacite, peut être insérée dans un contrat de mariage aussi bien dans l'intérêt du mari que dans l'intérêt de la femme. — En cas de minorité de l'un des époux, il faut appliquer l'art. 1398. Comp. MM. Rodière et Pont, nᵒ 1305.

121. En ce qui concerne les règles relatives à la justification des apports des époux, à l'administration et à la dissolution de la communauté modifiée par une clause de réalisation, il suffit de se référer aux règles précédemment posées, en matière de communauté réduite aux acquêts, à propos des art. 1498 et 1499.

SECTION DEUXIÈME.
De la clause d'emploi.

122. Définition : voy. MM. Aubry et Rau, § 523, texte nᵒ 2 et note 9, t. V, p. 468.

123. À quelles conditions l'emploi peut-il être utilement effectué ? — Renvoi aux art. 1434 et 1435.

124. Quels sont les effets de la clause d'emploi au point de vue des rapports respectifs des futurs époux? — Cette clause emporte la réalisation tacite de la somme qui en forme l'objet, même pour le cas où il n'en aurait pas été fait effectivement emploi : voy. MM. Aubry et Rau, § 523, texte n° 2 et note 10 (nouv. édit., t. V, p. 465, § 523, texte 2°, note 10); MM. Rodière et Pont, n° 1293 et 1294.

125. Examen détaillé des effets de la clause d'emploi, suivant qu'après le mariage l'emploi a été effectué, ou au contraire ne l'a pas été.

126. La clause d'emploi produit-elle des effets à l'encontre des tiers, et engage-t-elle leur responsabilité? — Distinctions à faire. Comp. MM. Aubry et Rau, § 523, texte n° 2 et note 12 (nouv. édit., t. V, p. 465, § 523, texte 2°, note 12).

SECTION TROISIÈME.

Des conventions d'apport.

127. La convention d'apport peut revêtir deux formes différentes. — Exposition générale : voy. MM. Aubry et Rau, § 523, texte n° 3, notes 13 et 14.

128. Première forme, transitoirement visée par l'art. 1511, et sous laquelle peut se produire la clause d'apport. — Effets et portée de la clause prévue par cet art. 1511. — Développement : voy. MM. Aubry et Rau, § 523, texte n° 3, notes 15 et 16 (nouv. édit., t. V, p. 466, § 523, texte 3°, notes 15 et 16); MM. Rodière et Pont, n° 1312.

129. Examen de la seconde forme que peut revêtir la convention d'apport, et qui forme l'objet des art. 1500 à 1504. — Caractères généraux de cette clause, très-fréquente d'ailleurs dans les contrats de mariage : voy. MM. Rodière et Pont, n° 1313 à 1316; MM. Aubry et Rau, § 523, texte n° 3, note 17 à 21 (nouv. édit., t. V, p. 467, texte 3°, notes 17 à 21).

130. Cette convention d'apport produit trois effets principaux : 1° elle rend celui qui la consent, débiteur de la somme qu'il a promis d'apporter à la communauté; — 2° elle l'o-

blige à justifier de cet apport (art. 1501); — 3° elle lui
confère le droit de prélever, au moment de la dissolution
du mariage, la *valeur* de ce dont le mobilier excède la mise
en communauté (art. 1503). — Nous allons étudier successivement chacun de ces effets.

131. *a*. La convention d'apport rend celui qui l'a faite
débiteur de la somme qu'il a promis d'apporter à la communauté. — L'apport doit être réel, d'où il suit qu'il ne
doit être compté que, d'une part, déduction faite des dettes
que paierait la communauté, et, d'autre part, déduction
faite de la valeur des objets dont la communauté viendrait
à être plus tard évincée. Voy. MM. Rodière et Pont, n° 1337
et 1338.

132. *b*. La convention d'apport oblige celui qui la consent à *justifier* de son apport. — Quant à la manière dont
se fait la justification des apports, il convient de distinguer,
d'une part, le mobilier appartenant aux époux au jour de
la célébration du mariage (art. 1502), et d'autre part, le
mobilier qui échoit respectivement aux époux durant le cours
de l'union civile (art. 1504).

133. I. Comment se fait la justification des apports, en
ce qui concerne le mobilier *appartenant aux époux au jour
de la célébration du mariage?* — Texte de l'art. 1502. —
Distinctions à faire entre le mari et la femme. — Exposition
et développement. Voy. MM. Rodière et Pont, n°° 1318 à
1321, et n°° 1323 à 1324.

134. La présomption de versement des apports, consacrée
par l'art. 1569, en faveur de la femme mariée sous le régime
dotal, et résultant de ce que le mariage aurait duré dix ans
depuis l'échéance des termes fixés pour effectuer ledit versement, ne doit pas être étendue à la femme mariée sous
le régime de la communauté modifiée par une convention
d'apport. — Démonstration : Comp. MM. Rodière et Pont,
n° 1322.

135. II. Comment se fait la justification des apports, en
ce qui concerne le mobilier qui échoit respectivement aux
époux durant le mariage? — Texte de l'art. 1504. — Distinctions à faire entre le mari et la femme : motifs de ces
distinctions. Comp. MM. Rodière et Pont, n° 1328.

136. *c*. La convention d'apport confère à celui qui l'a con-

sentie, *le droit de prélever*, au moment de la dissolution du mariage, la *valeur* de ce dont le mobilier existant excède sa mise en communauté, telle qu'elle a été fixée dans le contrat de mariage originaire. — Texte de l'art. 1503. — Explication et développement. Voy. MM. Rodière et Pont, n°ˢ 1326 et 1327.

137. Puisqu'il n'y a de reprise possible, qu'à la condition d'une mise en communauté *supérieure* à l'apport qui a été promis par l'époux, il devient nécessaire de poser des règles générales d'imputation, d'autant plus indispensables à préciser, que le Code civil est absolument muet sur ce point essentiel. Il s'agit de savoir quelles sont, parmi les choses mises par les époux dans la communauté, celles sur lesquelles doit être imputée la somme promise, ou celles que l'on doit considérer comme reçues par la communauté en paiement de cette somme. — Explication détaillée et développement. Voy. Pothier, *Traité de la communauté*, n°ˢ 287 à 296; — MM. Rodière et Pont, n°ˢ 1327 à 1336; — MM. Aubry et Rau, § 523, texte n° 3 et notes 29 à 32 (nouv. édit., t. V, p. 470, texte n° 3, notes 29 à 32).

138. Après la dissolution de la communauté, modifiée par des conventions d'apport, la femme conserve, comme sous le régime de la communauté légale ordinaire (art. 1453), son droit d'option entre l'acceptation ou la renonciation. — Suites de l'acceptation de la femme. — *Quid*, si elle renonce? — Elle n'en doit pas moins la somme qu'elle a promise en dot. Comp. MM. Aubry et Rau, § 523, texte et notes 33 à 34 (nouv. édit., t. V, p. 471, texte 3°, notes 33 et 34); MM. Rodière et Pont, n°ˢ 1339 et 1340.

OUVRAGES DU MÊME AUTEUR :

COLMAR. — TYP. LE SIEUR, DE CHÊNE FILS.

www.ingramcontent.com/pod-product-compliance
Lightning Source LLC
Chambersburg PA
CBHW050554210326
41521CB00008B/968